思维下外语教学方法与
略研究分析

SIWEI XIA WAIYU JIAOXUE FANGFA YU
UE YANJIU FENXI

王佳◎著

吉林大学出版社
·长春·

图书在版编目(CIP)数据

新思维下外语教学方法与策略研究分析 / 王佳著．--长春：吉林大学出版社，2020.6
ISBN 978-7-5692-6566-8

Ⅰ．①新… Ⅱ．①王… Ⅲ．①外语教学－教学研究 Ⅳ．① H09

中国版本图书馆 CIP 数据核字（2020）第 093254 号

书　　名	新思维下外语教学方法与策略研究分析
	XINSIWEI XIA WAIYU JIAOXUE FANGFA YU CELÜE YANJIU FENXI
作　　者	王　佳著
策划编辑	张维波
责任编辑	张维波
责任校对	柳　燕
装帧设计	繁华教育
出版发行	吉林大学出版社
社　　址	长春市人民大街 4059 号
邮政编码	130021
发行电话	0431-89580028/29/21
网　　址	http://www.jlup.com.cn
电子邮箱	jdcbs@jlu.edu.cn
印　　刷	廊坊市广阳区九洲印刷厂
开　　本	787mm×1092mm　　1/16
印　　张	12.5
字　　数	200 千字
版　　次	2020 年 6 月　第 1 版
印　　次	2020 年 6 月　第 1 次
书　　号	ISBN 978-7-5692-6566-8
定　　价	58.00 元

版权所有　翻印必究

前　言

学习是每个人终身面临的任务。关于学习的研究一直是教育界探讨的重要内容之一，当代教育学界和心理学界已经认识到，教育的根本目标是希望学生成为独立、自主、有效的学习者。教会学生学习，培养学生有效的学习策略，不仅有利于他们提高学习效果，减轻学习负担，而且能够大面积地提高教育质量。基于这一认识，《新思维下外语教学方法与策略研究分析》应运而生。

由于各种复杂的因素，外语一直困扰着很多学习者。传统的外语教育片面强调了语言知识和低级技能的学习而忽视了学习方法、学习策略等高级技能的培养，其直接结果是学生不会有效地学习。这不仅降低了外语教育的质量，还间接地增加了学生的学习负担，甚至使学生感到学习外语是一种痛苦。比如我国很多地区的外语教学就有这种情况，很多学生把大量的时间和精力都放在了外语学习上，但是最终效果依然不理想。虽然这其中可能有各种复杂的原因，但最根本的原因还是学生没有掌握有效的外语学习方法和学习策略。

当代外语教学越来越重视学习者的主体作用，教会学生学习已经成为外语教学的重要内容之一。要使学生在外语学习过程中形成有效的学习策略，教师就要发挥出应有的指导作用，必要时还应该进行专门的学习策略训练。为此，外语教师必须自己先了解有关外语学习策略的理论和实践，并以此为基础来提升外语的学习效果。

《新思维下外语教学方法与策略研究分析》一共分为八章，各章内容安排如下：第一章对外语学习方法与策略的研究背景与其在教学中的应用做了详细论述；第二章讲述了新思维下外语教育的现状与改革；第三章介绍了新思维外语教育的主体与过程研究；第四章主要探索了新思维外语教学方法的理论基础；第五章论述了新思维外语教学方法在实践中的运用；

第六章分析了新思维外语教学中方法与策略的行动研究；第七章研究了新思维下外语教学交际能力的养成；第八章介绍了外语教学的组织与实践。

  本书在编写过程中，借鉴了大量的文献资料与前人的研究成果，在此表示感谢。但由于时间仓促，加之精力、水平有限，书中难免存在疏漏与不足之处，望各位专家、学者和广大读者批评指正，以使本书更加完善。

编 者

2020 年 1 月 15 日

目录

第一章 绪论 ... 1
第一节 外语语言学习策略的背景概述 ... 1
第二节 早期外语语言学习策略的研究 ... 3
第三节 外语学习策略在教学中的应用 ... 5

第二章 新思维下外语教学的现状与改革 ... 10
第一节 中国当代外语教学的现状 ... 10
第二节 新形势下外语教学的内容 ... 13
第三节 外语教学的课题研究和探讨 ... 15
第四节 新思维下外语教学内容与方法的创新与改革 ... 19

第三章 新思维下外语教学的主体与过程研究 ... 21
第一节 外语学习过程的研究 ... 21
第二节 外语教学主体的研究 ... 24
第三节 外语教学过程的策略研究 ... 32

第四章 新思维下外语教学方法的理论基础 ... 42
第一节 外语教学方法的定义 ... 42
第二节 外语教学方法的分类 ... 43
第三节 外语教学方法的基本构架 ... 45
第四节 新思维下外语教学方法的选择 ... 47

第五章 新思维下外语教学方法在实践中的运用 ... 51
第一节 情境设计教学法 ... 51
第二节 交际教学法 ... 58
第三节 任务教学法 ... 66

第四节　自主学习教学法 ………………………………… 75

第六章　新思维下外语教学中方法与策略的行动研究 …………… 82
　　第一节　外语教学方法与策略中行动研究内容 ………… 82
　　第二节　外语教学方法与策略中行动研究方法 ………… 85

第七章　新思维下外语教学交际能力的养成 ……………………… 90
　　第一节　交际能力的理念概述 …………………………… 90
　　第二节　外语语法基础的提升 …………………………… 96
　　第三节　外语词汇量的拓展 ……………………………… 103
　　第四节　外语听力的提高 ………………………………… 116
　　第五节　丰富外语阅读范围 ……………………………… 127
　　第六节　外语写作能力的培养 …………………………… 135
　　第七节　跨文化意识的培养 ……………………………… 141
　　第八节　良好的学习习惯和监控心理的养成 …………… 149

第八章　外语教学的组织与实践 …………………………………… 153
　　第一节　大纲与课程内容的设计 ………………………… 153
　　第二节　教材内容的编写与选用 ………………………… 159
　　第三节　对教育者的培养 ………………………………… 163
　　第四节　外语教学在课堂中的教学探讨 ………………… 170
　　第五节　教学成果的测试和评估 ………………………… 183

参考文献 ……………………………………………………………… 188

第一章 绪论

现如今,人们逐渐加深了对现代外语语言教与学的认识,中国的教育界也将学生如何学好外语作为研究重点。教师在充分了解学生如何学之后,方可做出怎样教的决定,因此,研究学习策略对于当代外语教育来说是一件至关重要的事情。本章主要针对外语语言学习策略的背景、早期外语语言教学策略以及外语语言学习策略在教学中的应用进行了详细的阐述。

第一节 外语语言学习策略的背景概述

随着人类社会的进步、科学技术的发展以及知识总量的不断提升,人们为了顺应时代需求,提出了终身学习的口号。我国教育界也从未停止过对学生学习方面的研究,并且一直将如何提高学生学习效率作为探讨的重要内容。现如今,让学生成为独立、高效、自主的学习者已成为外语教育的根本目标,且这一点也得到了现代教育界和心理学界的认同。外语学习方法与策略的制定对提高外语教学质量、提高学生外语学习的效率、减轻学生外语学习负担有重要作用,因此,人们加强了对外语学习策略与方法的分析研究。对于外语学习方法与策略的研究不仅要有一定的社会背景,还要有一定的理论基础。

一、学习策略研究的理论基础

人们对学习策略的研究已有近30年的时间,在这之前,占据着主导地位的是以反应理论为核心的行为主义心理学,这是一种只注重对刺激和反应的研究,而对刺激与反应之间的关系以及什么样的刺激才能引起反应的研究并不十分重视。基于这一理论的指导,研究教学领域的教师们偏向于引导学生学习的研究,却逐渐忽视了学生怎样学的研究。由此可见,用这一理论来指导教学对外语教学产生了不利的影响。人和动物最大的区别在于人具有思想意识,由于行为主义的理论依据是建立在对动物的研究基础上的，因此，在对人的行为进行研究时，则不能完全采用这一理论，而且这也并不符合科学规律。在实践过程中，建立在这一理论基础上的几种外语教学方法都没有取得明显的成效。

20世纪60年代以后，认知心理学随着时代的发展得到了进一步的发展，人们对这一过程的认识也产生了巨大改变。从理论上来看，人的认知活动并不简单，它是一个异常复杂的思考过程和问题解决过程。学习知识和掌握技能属于认知活动，学习者不仅要感知、领悟外界事物，还要有效地运用思维、记忆、选择等心理过程，所以，学习者不仅会在相应的刺激下做出反应，还会采取积极的行动去思考问题，并对问题做出相应的反应，从而帮助其采用有效的方式来解决问题。基于认知心理学的指导，学习研究的重点转变为研究学习者内隐的思维过程和学习过程，这在一定程度上为学习策略的研究提供了重要的理论依据。

二、学习策略研究的社会背景

学习策略的研究兴起于20世纪70年代，它的兴起建立在认知心理学的理论研究基础上，并具有一定的社会背景。对于学习策略的研究，是在现行的教育体系下，教学方法中所培养出来的学生不能完全适应现代社会发展的需求下兴起的。自20世纪70年代中后期以来，美国等国家的教育质量并不高，出现了明显的下降趋势，学生普遍不懂得运用正确的学习方法，也不具备正确的思维技能，其主要原因是当时的人们只掌握了读、写、算等技能，却没有掌握正确的学习方法和学习策略，最终导致学生不会学习，严重影响了教学的质量和学生的学习成绩，使学生的学习负担增加，教师的教学成果不能得以肯定。目前，从我国学生学习外语的情况来看，大多数学生都处于这种学习状态中，虽然花费了很多时间学习外语，但是收到的成效却微乎其微，严重挫伤了学生学习外语的信心，究其原因，关键还在于学生没有掌握正确的学习方法和学习策略，但也不排除其他不利因素。

20世纪70年代以后，心理学界和教育界都认识到研究学习策略具有重要意义。使用有效的学习策略不仅能有效提升学生的学习质量，还能减轻学生的

学习负担。此外，在教学过程中运用正确的学习方法和学习策略，还能提高学习潜能偏低或智力发育相对迟缓的学生的学习成绩，有效地解决他们在学习中遇到的各种困难，让他们真正地喜欢上外语，并从轻松的学习氛围中体会到学习外语的快乐。再者，对学习策略的研究还能提高教师的教学质量，提升教师的教育信心，教师可以先了解学生的学习策略，然后根据学生的学习策略调整自己的教学策略和教学方法，最终使教学质量得到提高。

三、一般学习策略与外语学习策略

以上内容都属于教育学和心理学研究的一般意义的学习策略，外语学习策略属于语言学习策略中的一种，而语言学习策略又包含在众多种类的学习策略之中。以下我们将对一般学习策略与外语学习策略进行详细分析。

学习策略可分为一般学习策略和学科学习策略两种类型。通常情况下，一般学习策略是指所有课程都能使用的学习策略，这些学习策略与特定学科的知识或技能的学习不存在必然联系。学科学习策略是指专门用于某种特定学科知识或技能学习的策略，这种学习策略与学科知识或技能具有密切联系。

对于一般学习策略研究背景的介绍主要是为了让读者对外语学习策略研究的起源和发展有所了解。此外，外语学习策略中还包含多种一般学习策略。

实际上，一般意义上的学习策略与外语学习策略并不是简单的上下级概念关系。众多研究资料表明，外语学习策略包含在学科学习策略之中。语言学习策略又可分为第一语言学习策略、第二语言学习策略和外语学习策略，从严格意义上讲，我们所说的外语学习策略应该包含在外语学习策略之中。

第二节 早期外语语言学习策略的研究

20世纪70年代初，外语教学法的研究处于停滞状态，认知心理学在此时得到迅速发展，人们将外语教学研究的重点转移到研究学生怎样"学"的问题上，为了解决学生怎样"学"的问题，人们展开了对语言学习者的研究，语言学习策略的研究就是在这一研究基础上发展起来的。对语言学习策略进行深入研究的人分别是鲁宾（Rubin），奈曼（Naiman）以及王菲尔莫（Wong-fillmore），下面我们将对这三例具有代表性的研究进行详细介绍。

一、鲁宾（Rubin）的研究

在早期外语学习策略的研究中，鲁宾（Rubin）的研究最具影响力，他通过观察成功语言学习者的学习行为以及采用问卷调查和访问的形式对他们的语言学习策略进行研究，将早期语言学习策略研究分为两个重点，一是总结并表述学习策略，二是将学习策略分成不同种类。同时，鲁宾（Rubin）又将自己发现的语言学习策略分为两种类型，即直接影响学习与间接影响学习，每一类又可分为若干具体的学习策略，她并没给每一种学习策略下定义，只是采用了举例的方式进行说明。

二、奈曼（Naiman）等人的研究

奈曼（Naiman）开启了语言研究的开端，而奈曼（Naiman）等人则在此基础上对语言研究进行了拓展，并带动了语言研究的进一步发展，奈曼（Naiman）等人的研究与之前的研究相比，更具广度和深度，突破了之前研究的局限。而且他们获得的重要的研究成果是对语言学习策略的描述和分类，这比鲁宾（Rubin）对语言学习策略的研究更加细致，也更加先进。

奈曼（Naiman）等人不仅列出了更加细致明确的学习策略，而且发现和描述了更多语言学习策略，同时发现了很多语言学习技巧，明确指出语言学习技巧有别于语言学习策略，并强调学习者在语言学习的某些方面可采用学习技巧。例如，通过语境学习词汇、采用笔记的形式记录新单词、将单词排成列进行记忆、把有关联的词语放在一起学习等。随着学习策略的定义和分类的变化以及学习策略研究的进一步发展，奈曼（Naiman）等人提出的学习技巧后来都被认作学习策略。

三、王菲尔莫（Wong-fillmore）的研究

王菲尔莫（Wong-fillmore）也是早期外语语言学习策略的研究人员之一，他研究的对象主要是5名在美国学习英语的墨西哥儿童，他研究的主要内容是这些儿童通过哪种方式来提高外语交际能力，他们身边分别配备一名美国儿童

跟他们在一起学习英语。9个月以后他惊奇地发现，这些儿童的英语学习成绩与之前相比有了很大进步。王菲尔莫（Wong-fillmore）认为这是外语学习策略所起的作用，并根据自己的研究结果列出三种社交策略和五种认知策略，并强调三种社交策略在语言学习中所起的作用最大，这三种策略包括：第一，在学习遇到困难时，及时请求别人帮忙；第二，积极参与话题讨论，给别人留下能说会道的印象；第三，不管是否能听得懂外语，都要积极参与小组活动。王菲尔莫（Wong-fillmore）最后得出结论，如果想学好外语则需要组成学习小组，并在小组内共同学习。王菲尔莫（Wong-fillmore）过分看重这三种学习策略所发挥的作用，但在我们看来，真正影响外语学习成绩的是认知策略。

早期语言学习策略的研究，在研究方法和研究策略上都为后期研究提供了重要的参考依据，早期研究主要是实践研究，并没有理论可作参考，在没有理论指导的基础上进行研究会出现两种缺陷：第一，尽管得出的学习策略非常多，但是并不全面，很多人根本不知道自己使用的是哪一种学习策略；第二，对于基本的学习策略和辅助性学习策略认知不足，不清楚学习策略之间存在什么样的关系，造成学习策略分类不明确的现象。

第三节 外语学习策略在教学中的应用

教育的最终目的是让学生获得知识与技能，在培养学生创造力的同时引导学生学会学习。获得学习策略与改进学习策略可帮助学校培养学生的创造力，并让学生明白如何学习。外语学习要求学生不仅要具备良好的学习动机，还需要采用科学合理的学习策略来指导自己学习，最终提高学生外语的实际应用能力。所以，在外语教学过程中，教师需要采用合适的方法来训练学生，使其在外语学习中掌握科学合理的学习策略，并学会正确应用科学的学习策略，这样不仅能快速提高学生的学习成绩，还能使学校的教学质量得到提升。

一、外语语言学习策略在外语教学中的重要性

语言学习策略不仅是学习内容也是实现教学目标的重要手段。通常学生都

是在课堂上学习外语,并利用不同的学习策略来完成任务和处理他们新学的内容。教师可以根据学习策略来了解学生在课堂上学习时所选择的学习技巧与学生对学习环境的评价等。

语言学习策略包含交际策略,掌握语言学习策略能提高学生的交际能力。从广义上讲,语言学习策略是指学生学习语言时所采用的学习策略。语言学习策略对于学习语言的学生来说至关重要,它作为一种促进学生学习语言的工具,不仅能提高学生的交际能力,还有助于学生更好地掌握所学的语言。因此,学生在学习语言时,需要熟悉并掌握正确的语言学习策略。作为一名优秀的外语教师,在教授学生学习外语知识的同时,还要帮助学生掌握一部分语言学习策略。

二、外语语言学习策略在外语教学中的作用

培养学生综合语言应用能力是我国外语教学的总体目标,这种能力的形成和发展建立在多种因素之上,现代外语教学研究的重心也随着教育观念的更新发生了变化,过去人们单向研究如何教会学生,现在人们研究学生如何学习,这种转变充分体现了教育的使命,使学生学会学习,充分发挥每个学生的学习潜力,尽力施展每个学生的才能才是科学教育的理念。

教师要在教学中融入学习策略,并采用适当的方法指导学生自主学习外语、启发学生思考、激发学生的创新意识、强化学生技术技能训练,使其养成良好的学习习惯,从而起到提高学生学习成绩与提升教师教学质量的作用。教学不仅能传递知识、培养技能,还能指导学习策略、升华文化意识。因为外语学习的自主性和实践性强,所以教师应遵循记忆、积累、思考、应用的规律来指导学生学习,同时,教师还要熟练掌握语言学习策略,将其灵活应用在自己的教学过程中,以便在不同的情况下,针对不同的学生适当调整教学策略,这将对提高学生综合语言的应用能力起到极大的促进作用。

有关研究表明,外语学习成绩好的学生在学习过程中会灵活应用外语学习策略,并在实践过程中根据自身情况逐步完善学习策略。格雷厄姆(Graham)曾说过,外语教师要帮助学生理解学习策略,并让学生在实践中逐渐掌握并应用这一策略。所以，在学习过程中，正确应用学习策略对于学习外语的学生来说十分必要，对于外语教师来说，要想培养出优秀的学生，也有必要采用正确的语言学习策略。

三、外语语言学习策略在外语教学中的应用

从认知心理学的角度来看，教师获取正确学习策略的渠道有很多，将学生的认知特点与外语教学特有的规律相结合，便于教师从中寻找出良好的学习策略。实际上，不管教师注重培养学生哪方面的能力，只要在教学中融入合适的语言学习策略，就能帮助学生提高外语能力，并提高外语教学质量。由此可见，正确应用语言学习策略具有事半功倍的效果。下面分别从教师在课前、课上和课后对语言学习策略的应用进行分析。

（一）课前准备

在课前充分了解学生的个体差异和学习方式是教师在课堂教学中取得良好效果与培养学生熟练应用语言学习策略的前提条件，教师在课堂上要留心观察学生的行为，例如，教师要能看出学生在学习过程中，应用的是哪一种语言学习策略，除了认真观察，教师还可以采用问卷调查的方式来了解学生的学习态度。

教师在课前或课后与学生进行非正式的聊天或选择话题和学生正式聊天，并从中了解到学生在学习过程中所采用的学习方法以及学生对所学内容的理解，便于教师指导学生选择适合自己的学习策略。

教师在认真研究教材时，要充分地了解学生，找出适合学生学习外语的方式或方法。通常情况下，一本好的教科书中应该突出与语言学习策略相关的内容，这样可方便学生学习外语技能。不难发现，许多语言学习策略都能与教材内容紧密结合，假如不能良好结合，教师应充分发挥主观能动性，通过其他途径来寻找教学资料，为学生提供更多应用语言学习策略的条件。

（二）课上运用

在课堂上，教师要不断完善自己的教学方式和授课方式，同时，制订更加科

学合理的教学计划，在制订计划的过程中，教师不仅要考虑多种外在因素，还要考虑多种内在因素，这样有助于教师在教学过程中更加高效地应用教学策略。

将语言学习策略与学生的日常学习相结合，无论是在外语口语、阅读的学习中，还是在外语的写作学习中，都应该让学生掌握并学会应用正确的语言学习策略，让学生理解语言学习策略与语言学习任务的关系，让学生意识到语言学习策略的功能与作用，学生的语言学习能力可通过这种方式得到极大的提升。例如，假如教师找出很多与外语口语学习有关的学习策略，就应该将其应用在课堂上，教师在讲授口语时，要为学生示范怎样正确使用这些学习策略，与此同时，学生可以寻找一些练习外语口语的机会，以便丰富和发展教师提出的外语口语学习策略，教师也可以为学生创造学习条件，鼓励学生将语言学习策略融入课堂学习中。

（三）课后反思

为了更好地在外语课堂上进行语言学习策略的学习与训练，教师在课后应积极反思。进行课后反思有助于教师找出自身的不足，实际上，教师只有认真思考自身的教学方式，并在不同的学习任务中采用不同的学习策略，这样才能使学生学习外语的能力得到进一步提升。教师还要及时反思自己在课堂上应用的语言学习策略是否适合当前的学生，例如，教师可以在课下认真思考课堂教学效果、学生对语言学习策略的应用以及学生对本节课知识点的掌握情况等，并以此判断自己在本节课中应用的语言策略的效果。教师可以将自己思考的问题写出来，作为今后语言学习策略的参考，或及时进行课堂评估，以便更好地指导学生学习外语。

教师需要进行课下反思，学生也应对课堂学习情况进行及时反思，教师也可以给学生做一个学习情况评估表，让学生从不同角度来评价自己的学习效果，或者采用问卷调查的形式来了解学生的学习情况，帮助学生及时反思课堂上的语言学习效果。以上这些仅仅是学生进行语言学习反思的方法，学生也可以进行自我监控，在没有教师督促的情况下，对自己所应用的语言学习策略进行及时反思。不管学生所采用的是哪一种学习方式或学习策略，都应该及时反思自

己的学习策略。

　　语言学习策略与学生个人的认知、情感和学习方式之间存在着密切的联系，所以，教师在指导学生学习外语时，要充分考虑到每个人的情况，根据个体差异来实施不同的语言学习策略，同时帮助学生反思语言学习策略，在语言学习环节中适当地应用语言学习策略是必不可少的，学生应当在教师的鼓励下，使用和发展适合自己的语言学习策略，以此来提高自己的外语学习成绩。此外，研究和发展与语言教学相关的语言学习策略，是一个优秀的外语教师应做的事情，外语教师可以将语言学习策略与外语教学密切结合，并在日常教学中训练学生使用适合自己的语言学习策略，让学生掌握外语学习策略并自由调动语言学习策略。

第二章　新思维下外语教学的现状与改革

随着时代的发展和科学技术的进步，人们的观念逐渐产生了变化，外语教育的范围和教育目标也随之发生了重大转变。国家对外语教学的重视程度逐渐加大，在教育政策上给予了极大的支持，这在一定程度上促进了外语教学的快速发展。外语教育研究的主要内容是外语教学法，长久以来，教育学和语言学科从未停止过对教育法的研究，其中从应用语言学的角度研究居多。从外语教学方法的理论层面来看，不同的教育体系、价值观念、研究方向、研究方式等都对外语教育的发展起到重要影响。在外语教育不断发展的过程中，人们总结出了许多有用的外语教育方法，对外语教学的发展起到了良好的推动作用。

第一节　中国当代外语教学的现状

就目前来看，中国的外语教学现状不容乐观，外语教学中存在许多不足之处，严重阻碍了中国外语教学的发展，为此，中国外语教育界强烈呼吁建设具有中国特色的外语教学理论。现有的国外外语教学理论并不太适合中国的外语学习者，无法解决中国的外语学习者在学习外语过程中遇到的各种实际问题，在这种形势下，我国外语教学界就非常有必要探索出一套具有中国特色的外语教育理论体系，用符合本国国情的外语教育理论来指导我国外语教学，才能从根本上解决中国外语教育中出现的问题。现在我国外语教学中存在的最大问题就是我国的外语教育理论发展得并不完善，没有为外语教学的发展奠定坚实的基础，在这一问题的影响下，我国外语教学出现了诸多不足之处。此外，还有一些问题亟待解决，下面我们将对中国外语教学中存在的问题进行详细分析。

一、理论研究薄弱

中国外语教学理论研究基础薄弱，主要表现在以下几个方面。

（1）研究外语教育理论的机构较少。中国现有数亿人在学习外语，但专业的外语教学研究机构却寥寥无几，且缺乏研究外语教学理论的基地。虽然我国高校中有一部分人员在从事外语教育研究，但是缺乏一定的专业性，并且他们也不是专职的研究人员，只是出于自己的兴趣爱好对外语进行研究，研究往往还受时间、精力、经费等条件的限制而无法顺利进行，另外，研究成果往往也得不到应有的支持，一些好的想法难以得到实际的验证，这些都阻碍了外语教学理论的发展。

（2）研究缺乏系统性，对重要问题的研究不够深入。现有的理论研究缺乏系统性和深入性，对外语教学各个方面的研究不够全面。从最近几年来看，由于外语教学的研究缺乏规划和必要的引导，在理论层面的研究显得有些盲目，缺乏必要的沟通和合作，所以，极少有人关注与外语教学有关的重要因素和重要环节，从而导致了对教材编写理论、师资培养理论以及课程设计理论研究的严重缺位。

对于理论研究应做到从小处着手，大处着眼。但是从我国外语教学的研究来看，我国在这一方面的研究不够深入，对重大问题不够重视，例如，教材应该按照什么样的形式编写？外语教师应该如何培训？外语课程应该如何设计？而且最近几年来，我国学者很少发表与外语学术有关的论文，各种外语期刊上涉及重大问题的文章也寥寥无几，这对我国外语教学理论体系的发展与完善有着一定的制约作用。

（3）理论研究与教学实际相脱节。与外语教学理论有关的研究严重脱离了实际教学，虽然也有人发表了关于外语教学研究的论文，出版了与外语教学研究有关的书籍，但是，很多人的论文和著作并不是为了解决实际问题而写的，而且他们所写的内容与实际的外语教学严重不符，根本不能用来解决现代中国外语教学中存在的诸多问题。同时，如果外语教学理论的研究与外语教学实践完全脱节，那么这样的研究相当于无源之水、无木之本，根本不能用来解决实际问题，而且这样没有任何意义的研究也就不值得提倡。

（4）教师理论意识淡薄。许多身处教学一线的教师们，对语言教学理论不屑一顾，总体上沿袭传统模式，按照以前的方法来教自己的学生，教学过程中从不使用任何教学理论。教师们为了完成教学目标，每日呕心沥血地教导学生，下课之后已经疲惫不堪，根本无暇顾及教学理论的研究，更没有闲暇时间去了

解新的教学理念；另外，有些教师觉得教学理论不切实际，太过于理想化，根本不能用在教学实践中。基于这种现象，教师们即便在教学过程中想出一些好的教学理论，也难以使其得到进一步升华，从而影响了语言教学理论的发展。

我们经常会这样说"用理论指导实践"，这句话的意思并不是让教师把别人的理论直接应用在课堂上，而是教师在具备一定理论意识的基础上，关注外语教学的发展，不断汲取外语教学理论的有效成分，在外语教学相关理论的基础上，结合学生的个体特征与学校的实际条件，探索出一些符合教师、学生和学校的教学方法。

二、教学资源匮乏

学校的教学资源可分为各种不同的种类，其中不仅包括学习材料和教学设备，还包括外语传媒和参考资料等。最近几年来，中国的经济发展迅速，教育资源的投入不断增加，师资力量不断增强，中国的教育事业与之前相比有了较大进步，但是这其中还存在诸多不足之处。例如，现在中国学习外语的人数迅速增加，而外语教师的队伍却增长缓慢，形成了供需不平衡的局面。同时，教师和学生所需的教学材料和教学资源也严重不足，市场上充斥着五花八门的学习辅导材料，对学生和外语教师产生了严重的误导作用。

三、教学理念落后

对于许多外语教师来说，外语课上仍然只有书和粉笔。外语课堂上教师依然占据主导地位，并按照自己的方式讲解教材上的知识，引导学生学习外语，而学生一直都处于一种被动的状态。近年来，虽然市场上有很多关于外语教学理论的书籍，社会上也出现了许多与外语教学相关的学习机构，但是这对外语教学所起的作用却非常小，其主要原因是许多教师的教学目的是培养学生的应试能力，并不是为了提升学生的自主学习能力。

四、应试倾向明显

中国许多学校在初中三年级和高中三年级这两个阶段都不讲解新的内容，大量时间都用来复习前两年学习的内容，以便应付接下来的升学考试。学生在考试前会做大量的考试模拟题，外语课堂也不例外，外语教师不停地讲题，学生不停地做题。上了大学以后，许多大学生为了考取各种外语证书，花费大量时间备考，课堂上与外语考试无关的内容不愿意听，课下与外语考试无关的书籍也不愿意看，一旦通过考试，学生便把外语书丢弃掉，再也不闻不问，在这样的状态下学习外语，学生对外语的实际应用能力可想而知。

第二节　新形势下外语教学的内容

在经济飞速发展的今天，我国对外语人才的需求不断增加，目前中国在外语教学上面临的最大问题是怎样培养出综合能力较强的外语人才，在此基础上，中国的许多学者从不同的角度改革外语教育，其中，多数人针对外语教学法进行改革。专家学者们一致认为现阶段我国外语教学出现的诸多问题是由于教学法过于落后造成的，因此，他们引进了一些国外先进的教学法，并将其应用在中国的外语教学中，这在一定程度上增强了一部分学生学习外语的兴趣，学生在学习外语方面的能力也得到相应的提升，但这只是对教学法进行改革，并不能从根本上解决教学中出现的问题。不管学生使用哪一种教学法，最终都要围绕课程内容进行学习，并不能获得长久的效果，因此，对外语教学内容的改革在此时就显得尤为重要。

教育是一个国家发展的基石，它与国计民生直接相关。外语教学是教育的初始阶段，其重要性显而易见，中国自改革开放以来，在外语教学方面的投入力度不断加大，但是，在这个过程中总有不同的问题出现，严重阻碍了中国外语教学的发展，我国人民对教学改革的重视程度不断加深，人们强烈呼吁对中国的外语教学进行改革，那么，对外语教学课程内容的改革势在必行。

一、加强外语教学内容的时代性、实用性

（一）时代性

外语教材在编写的过程中，编写人员要注意及时更新教学内容，适当加入

一部分文学价值较高和趣味性较强的文章，使教学内容显得更加丰富多彩、趣味横生，从而起到吸引更多学生眼球的作用。以往的教材内容已经过时，不符合时代发展的特征，也跟不上时代前进的脚步，社会上各种科学技术迅速发展，知识更新速度加快，再使用以前的教材来教现在的学生显然已经不合时宜。如果使用以前的教材，学生不仅难以接受枯燥乏味的教学内容，而且还会减少学习外语的乐趣，且旧内容不适合现代社会的发展，在实际应用时会产生不适应性。所以，学生们更喜欢具有时代性的教学内容。

（二）实用性

教材内容需要具有实用性，也就是说，应结合学生的生活编写教学内容，培养学生的学习能力和观察能力。这种生活化的教材内容主要体现在两个方面：第一，注重积累和应用学生的现实经验；第二，通过不断学习，不断积累社会经验。与此同时，教师要注意培养学生的听说能力，为学生创造说外语的条件，让学生有更多的机会来练习外语口语，在增强学生语言能力的同时，提升其说外语的能力，让学生学会使用外语和别人对话。

二、增强教学内容的丰富性、综合性和互动性

在外语教学中设置综合实践活动，增强学生的探索和创新意识，提升学生的综合应用能力。在外语教学过程中，教师应增强学生的实际操作能力，充分发挥学生的主观能动性，让学生自主地去探索未知的领域，并获取相关领域的知识，在这个过程中，教师的任务就是对教学内容进行掌控，另外，教师还要整合以往的教学内容，解决外语学习过程中出现的问题，使知识体系更加简洁明了，使各个新学科知识联系得更加紧密和完整，这样学生会更加容易接受。另外，在学科知识整合过程中，还要增强学生们的协作能力，改善以往教学内容中的不足，同时，还要加大课堂的互动性。在以往的外语教学中，教师都占据主导地位，占用大量课堂时间，学生就坐在座位上认真听讲、做笔记，课堂上基本没有任何互动，学生在课堂上很容易犯困，对所学的内容不感兴趣，学习成绩也很难提升。采用新式教学方法，要增强教师和学生之间的互动，让学生成为课堂的主导，教师作为课堂的参与者，起到指导和督促学生的作用，大

部分时间交给学生自由支配，学生之间也可以自由交流，讨论在学习过程中遇到的问题，或采用辩论的方式来完成教师的课堂问题，教师也可以参与到学生的讨论中，以此来提升整个教学效果。

三、增加隐性课程内容的投入比例

隐性课程主要是指价值型影响，它用一种间接和内隐的形式来提升学生的道德素养，学生受到潜移默化的影响，从而弥补了显性课程的不足。在外语教育的基础上加入隐性教育，使学生的道德素养得到很大提升，还可帮助学生形成正确的价值观念，为其营造良好的学习氛围。我们以往都是通过语文课和思政课来培养大学生的思想道德，隐性课程也是借鉴语文课的模式来影响学生，将道德素养部分的内容融入外语教学中，进而起到提高学生道德素养的作用，例如，在外语阅读部分加入具有教育意义的文章，让学生一边学习外语一边提升道德素养，但要注意必须根据学生的认知水平编写教材，文章中的词汇和语法句型都要与学生的认知水平相符。此外，在课程中加入隐性教育的成分，可以弥补传统教育的不足，中国的传统教育过于关注学生的学习成绩，很少对学生进行道德素养方面的教育，阻碍了学生德、智、体、美的全面发展。

第三节 外语教学的课题研究和探讨

外语教学改革除了内容与方法的改革，还要对外语教学的本体、实践、教学方法、教师发展进行探讨。

一、本体论研究

关于外语教学的本体研究，需要解决下面几个问题：（1）语言的本质是什么？（2）语言学习的特点是什么？（3）外语学习与母语学习的主要区别在哪里？（4）中国人学习外语会受到哪些因素影响？各种因素之间有什么重要联系？

很多人认为研究外语教学理论只需要研究与外语教学相关的问题，无须研究语言的本质，实际上，研究外语教学需要在语言理论的基础上进行，因为语言理论是外语教学理论发展的前提条件。早在几十年前，外语教学就已成为独立学科，外语教学理论并不只来源于语言理论，但其语言学基础一定是外语教学的发展源头。许多外语流派的研究人员都不承认自己的教学法受到语言观的影响，但是，实际上他们的教学主张和原则无不反映出他们对语言本质的看法。

语言学习过程的研究也涵盖在本体论研究的范围之中，语言学习与其他学习过程有所不同，母语学习的本质是一种社会化的过程，其在很大程度上受先天因素的影响，但也有受后天因素影响的成分，语言学家们一直在争论语言学习受后天因素影响的程度，外语教学理论的研究也应该向这一方向靠拢。我们应加大对第二语言的关注程度，尤其需要关注以下几个问题：外语学习与母语学习的本质区别是什么？语言的先天机制是否会影响外语的学习？影响程度有多大？

在本体论的研究中，我们还要关注中国人在学习外语的过程中，会受到哪些因素影响，并研究外语学习受其他因素影响的程度和受影响的方式等。

二、实践论研究

从实践论的角度来看，我们需要研究的课题主要包括：需求分析；课程设计；教材编写；课堂教学；课程评估。

1. 需求分析

外语教学课程设计的前提条件是需求分析，受到外界因素和内部因素的影响，在我国外语教学理论研究中需求分析很少受人关注，人们对它的研究缺乏一定的深度和广度。外语学习中出现的许多问题都与需求分析不到位有着直接的关系。例如，无论在工作中是否会用到外语，但是，在招聘工作中应聘者都要出示与外语相关的证书，各职称考试中都有外语考试；无论在实际工作中需要什么样的外语技能，外语教学大纲都千篇一律。

因此，在研究外语教学的需求时，我们需要思考以下几个问题。

（1）我们需要的外语人才要符合什么条件？

（2）什么样的人需要学外语，外语学习要达到什么样的程度？

（3）针对不同学习者的具体要求有什么变化？

（4）人们需要什么样的外语教师？

（5）当前学生对外语课程的设置有什么意见或建议？

（6）为了满足社会和学生学习外语的需求，学校应该做好哪些方面的工作？

2. 课程设计

课程设计需要在需求分析的基础上进行，我们所研究的与课程设计相关的重要课题主要包括：①中国人学习外语的最佳年龄段；②根据不同的学习者设置不同的学习目标；③学习外语时，学习内容的设置；④学习外语时，中国人使用的学习方法；⑤外语课程的设置；⑥评估外语教学的方式等。

外语课程设计的另一个重要阶段是教材开发，研究教材开发时，我们应该研究的内容主要包括：①教材的功能；②教材的形式；③教师与教材；④《教师手册》的功能；⑤教材与课外学习材料等。

3. 教材编写

从目前来看，我国暂时还没有一套成熟的外语教材编写理论，学校所用的外语教材一般都从国外引进，或者对国外教材进行改编后使用，再或者就是编写教材者仅凭个人经验和感觉来编写教材，实际上，根据外语教学的特殊要求，我们需要明白一些重要问题：在外语教学中，面对不同的学习者，学习材料需要怎样变动？要实现教学目标，需要采用什么形式的教材？教师在使用外语教材时，有什么特殊要求？《教师工作手册》中的主要内容是什么？评价一套教材优劣的标准是什么？

4. 课堂教学

专门针对外语课堂教学的研究，在我国非常普遍，但是，人们研究的重点主要是怎样组织课堂教学？怎样安排教学活动？怎样教好某一语言点？很少有人研究外语教学的功能和目标。与课堂教学有关的研究主要包括以下几点：①课堂教学的形式；②课堂教学与自主学习；③课堂教学的基本目标和功能；④课堂教学与课外学习的关系；⑤传统课堂教学方法的优点与缺点；⑥课堂教

学的评估。

5. 课程评估

在外语教学的理论研究中，教学评估也是其中的一个重要方面，而我们需要研究的是教学与评估之间的联系。在测试学中有一个重要概念——测试的"反拨"作用，也就是说，教学评估设计得较合理，可促进教学活动朝着更好的方向发展；教学评估设计的不够全面，则会阻碍教学活动的顺利进行。当前，我国外语教学中应试倾向非常明显，这主要是受单一和缺乏科学性的外语教学评估的影响，所以，外语教学评估理论研究需要探讨科学的、多元评估模式。

三、方法论研究

在方法论层面，我们应该对外语教学方法和目标的内在联系进行深入探讨。在之前的教学方法的研究中，我们从实用主义的角度上探讨了具体的教学方法，虽然这样的研究有一定的必要性，但是，我们在研究外语教学方法论时，还需要站在更高的层次上进行研究，要充分考虑学校的师资水平和教学环境，借鉴其他学科的研究成果，考虑学习者的个人特征和外语学习的特殊性，探讨和设计能够满足不同层次、不同职业、不同年龄的学习者需求的教学方案。在学习和应用之前的教学理论时，我们要充分考虑促进某种教学方法产生的背景以及这种教学方法适用于哪类学习者，不盲目照搬别人的教学理论，以免影响教学效果。

四、外语教师发展研究

外语教师发展的问题也是我们需要认真研究的事项，师资质量是影响外语教学质量高低的主要因素。我们要提高外语教学质量，首先应该对外语学习者进行分析，其次是对外语教师的需求进行分析，再次要对外语教师在教授外语时应具备哪些条件进行分析。从外语教师应该具备的条件出发，我们认为，优秀的外语教师需要符合以下几个条件：①人品优良；②见多识广；③爱岗敬业；④有扎实的外语基础；⑤具备研究精神和研究能力；⑥课堂组织能力与沟通能力强。

培训外语教师时，应根据以上要求进行培训。首先，在设置师范院校的外语专业课程时，应充分考虑外语教师的素质，提升外语教师的自主学习能力和自我完善意识。其次，在策划和组织外语教师的培训方案时，也应符合以上要求，设计出能使外语教师真正获益的培训课程，切不可搞形式主义。再次，有关教育部门可以在符合条件的情况下，进行外语教师资格考试或教师培训课程评估，充分了解外语教师的需求，解决他们最关心的问题，为他们未来的发展提供一个更加广阔的空间，从根本上解决师资质量不高的问题，从而提高我国外语教学的质量。最后，我们应根据中国外语教学的特点来研究外语教学理论，要敢于直面现实，敢于突破教条主义，敢于创新，敢于突破现有教学体制的限制，敢于实践。

第四节　新思维下外语教学内容与方法的创新与改革

外语教学水平的提高需要经历一个长期的积累过程，在这个过程中，良好的教学方法、先进的教学内容以及开阔的眼界对学习兴趣的培养、学习能力的提升具有至关重要的作用。外语教学内容的涵盖面较广，对教师的水平也有较高要求，一名优秀的外语教师应具备扎实的外语基本功和宽广的知识面，还应掌握先进的教育资讯，为新思维下外语教学内容与教学方法的创新与改革奠定坚实的基础。

一、教学内容

现代外语教学中有很多关于心理和社会现实方面的内容，外语课堂也注重培养学生的听、说、读、写、译等综合技能。学者们也一再强调教学内容要与现实相结合，外语教材上出现了涉及环境、民族、和平、性别等新内容。值得注意的是，这些内容不仅作为讨论的话题应用在课堂教学中，还出现了与之相适应的教学法。外语课堂教学并不只是为了让学生完成教学任务，而是以真实的生活场景为基础，巧妙地把教学任务与教学环境融为一体。伴随外语全球化的发展，这种做法也得到了很多学者的支持。

二、教学方法

以往以学生语言输出为主的教学方法已经不适应现代社会的发展,注重学生之间交流与合作的交际法已逐渐被社会淘汰,取而代之的是任务法,同时,还出现了"再谈方法已显过时"的趋势。许多学者认为,在新时代不必过于重视采用和设计什么样的教学方法,而应该重视怎样适应不同的需求,以此产生让人满意的效果。

三、计算机辅助外语学习

现代社会因为电脑和多媒体技术的发展变得更加丰富多彩,人们的生活也因此变得更加美好。计算机辅助教学在20世纪90年代得到人们的关注。随着我国互联网技术高速发展,网络教学也越来越普遍,各种外语教学软件和教育机构如雨后春笋般纷纷涌现。大学外语课堂上一般都会使用电脑或多媒体技术,有些学校开设了网络课堂,甚至还开办了网络学院,通过互联网教授外语知识或其他学科知识。但是,近年来,人们开始质疑网络课堂是否能够提高学生的外语水平,对于这个问题,我们不能简单地用"能"或"不能"来回答,进行具体的研究时,应该从"哪种人适合使用电脑学习外语""怎样使用""这种方法与传统的学习方法有什么区别"等方面来研究。

外语教学是一个极其复杂、立体的工程,它所涉及的因素有很多,怎样协调教师、学生、教材与教学环境的关系,以及合理分配教学资源,并用最小的投入换来最大的收益,是广大外语教师和理论研究者们需要认真研究的问题。

第三章　新思维下外语教学的主体与过程研究

外语的教学过程就是教师和学生之间积极互动、协同合作的教学过程，在教学过程中，教师如果能采用合适的教学策略来教授学生，假如学生也能使用有效的学习策略来学习外语，并在外语课堂上积极思考、主动学习，以主人公的态度参与到课堂教学中，那么，将对外语教学产生积极的影响，这不仅有利于提高学生的学习效率，还能为学生学习外语奠定坚实的基础。本章主要对外语的学习过程、外语教学主体以及外语教学过程中采用的策略进行详细讲解。

第一节　外语学习过程的研究

学习过程是影响外语学习的一个因素。这里主要针对原有知识和学习策略这两个问题进行详细讲解。

一、原有知识

原有知识包括三种：母语知识；与语言有关的一般知识；世界知识。

原有知识对外语知识的影响程度取决于学习者对这种知识的意识程度。一般来说，年龄较小的学习者受原有知识的影响程度较低，年龄较大的学习者受原有知识的影响程度较高，主要是因为年龄较小的人还未形成明确的语言意识，其母语交际能力不强，掌握的交际能力有限，受母语知识的影响较小，学习外语时会更加容易一些，而年龄稍微大一点的人已经有了明确的语言意识，在学习外语的过程中，受母语知识的影响较大，因此，学起来会显得吃力一些。

行为主义语言学理论在 20 世纪 50—60 年代占据主导地位，部分研究人员在研究过程中发现，母语知识的负迁移对人们学习外语可产生极其深刻的影响，将母语与外语进行对比就能轻易发现构成外语学习困难的主要因素。后来人们发现这一理论有误，部分错误分析研究发现，在母语知识的影响下，外语学习中会出现25%的错误，造成其他错误的主要原因是过多地使用一般认知手段。

部分研究者在对不同语言背景的学习者外语习得的顺序进行研究后发现，不同母语背景下，学习者习得外语的顺序相同，不过，很多学者都怀疑这一结论的准确性，毕竟这一研究还存在诸多缺陷。笔者认为，语言是人们认识世界的工具，人们认知世界的方法，受到所用语言的词汇结构体系与语义结构体系的影响，语言还能体现一个民族的历史、文化发展的轨迹与该文化传统的价值取向。外语学习者如果已经掌握了母语的基本词汇和基本语法结构，那么他在学习外语的过程中一定会受母语词汇和语义的影响。此外，世界上有很多民族，不同民族所用的交流方式和话语结构不同，母语知识必然会以不同的方式影响新的交际方式和话语结构的习得。有关研究发现，母语为汉语的学生在学习外语的过程中，有51%的错误来自母语知识的干扰，而母语为西班牙语的学生，在外语学习中只有3%的错误来自母语知识的干扰。由此可见，在外语习得过程中，不同国家的语言所产生的影响有所不同。现在值得外语教师们认真研究的课题是怎样利用学生的母语知识，促进正迁移，减少负迁移。

二、中介语

中介语是近年来外语学习理论中出现的一个新概念。外语知识需要不断积累、不断完善，使整个过程形成一个连续体，这个连续体上的每一个系统都独具特色。研究中介语，可以了解学习者所处的学习阶段，了解学习者使用的是哪种学习策略。这对认识外语学习过程的特点、设计教学目标和教学方法具有重要的意义。

人们学习知识时，都想要从中发现新规律、新秩序。寻求秩序是人类的天性使然，人脑中一旦置入新的知识后，原有的知识就会发生重组，无论是学习外语还是学习其他知识都需要从中寻求规律、发现规律，并对原有知识系统进行重新组合。这种组合对学习者外语知识体系的发展与完善起着重要的影响。

知识在重组过程中，一部分知识发展为一种技巧，另一部分成为一种常规，在实践过程中，技巧和常规又可转化为一种能力。

三、外语学习策略研究的内容

学习策略来源于学习过程，学习者需要依靠相关知识帮助自己完成学习任务，这便形成了学习，如果缺少某个环节，便不能形成学习，学习策略也就无从谈起，所以，在考虑学习问题时，需要考虑知识和任务这两个重要因素。①

外语学科知识分为外语技能和外语语言知识。外语技能知识包括：听、说、读、写。外语语言知识包括：语音、语法、词汇。外语语言学习策略可根据外语语言学习任务的变化而变化，根据不同的语言学习任务，可将外语学习策略分为：外语语音学习策略、外语听力学习策略、外语语法学习策略、外语口语学习策略、外语阅读学习策略以及外语词汇学习策略。

四、外语学习策略研究的意义

在教学过程中，教师要培养学生的自主学习能力，让他们在学习过程中养成独立解决问题的习惯，使其成为一名独立且高效的学习者。教师应使用合适的教学策略来指导学生学习，同时鼓励学生正确使用学习策略，这样既可以帮助学生快速提高学习成绩，减轻学生的学业负担，减少学生的学习压力，还可以提高学校的教学质量。其意义主要表现在以下几个方面。

第一，学习和研究学习策略是提高学习成绩的必要手段，同时也是提升学习效果、提高教学质量的重要保障。在学习和研究学习策略的过程中，还可提高学生的学习技能，从而使学生更加积极、主动地参与到学习活动中。

第二，学习和探索学习策略可开发学生智力和挖掘学生的学习潜能，还可培养学生的创新精神、创新意识和创新能力。如果想成为一个具有创新能力的学习者，首先应该学会使用学习策略，其次是将学习策略融入外语学习中。

第三，学习和研究学习策略可提高教师的教学质量，教师在教学过程中，不仅要适当使用教学策略，还要充分了解学生所使用的学习策略，并基于学生的学习策略适当调整自己的教学策略和教学方法，以此来提高教学质量。

相关研究表明，在外语教学史上，人们对学习策略的研究只有二十年，

---

① 许立红，高源. 农村小学外语有效教学策略 [M]. 成都：西南交通大学出版社，2015.

界上有很多国家都非常重视研究和发展外语的学习策略,他们不仅设置了专门的策略学习课程,还将学习策略融入外语教学中,在提升学生学习效果的同时,全面提高教学效果。我国对学习策略的研究暂时还处于初级阶段,尤其是对外语学习策略的研究,所以,教师在外语课堂上,应关注并融入学习策略,在教学中也应更加注重学习策略的使用与推广。

第二节 外语教学主体的研究

毫无疑问,外语教学无论要达到什么样的教学目的,或采用哪种教学方法,最后都要通过学习主体来体现。在所有外语教学理论研究中,外语教学主体的研究占据着重要的位置。因为研究外语学习主体可使我们深入了解外语学习过程的特点,从而使我们设计出更多与外语学习客观规律相符的外语课程和外语语境,此外,将外语学习特点与母语学习特点进行比较,可以让我们对语言的含义、语言的作用等理论有更加深刻的理解,从而丰富语言研究的内容。

一、外语学习者的生理和认知因素

(一) 年龄

年龄是影响人们学习外语的一个重要生理因素,从母语习得的研究来看,儿童一旦过了一定的年龄,即便为其提供良好的学习环境,也很难顺利习得母语。这一点可以通过对狼孩习得语言的研究得到证明,与这一研究有关的理论是"关键期假说"理论。勒纳伯格(Lenneberg)认为儿童时期左脑受伤,对语言功能的影响不大,如果成年人的左脑受损伤,也就意味着这个人会丧失语言能力。勒纳伯格(Lenneberg)认为通过接触就能习得任何语言的关键时期是2岁到12岁。最新的脑科学研究表明:儿童脑中的神经元在5岁以前相对混乱,伴随年龄的增长,大脑所需的营养元素会变多,5岁时,它的需要量会比成年人多一倍,5岁以后,大脑对营养元素的需要量和脑"电路"的数量会下降。

当前许多研究者采用"发育期"这个词语，但是这个词语的概念却比较模糊。5岁左右可能是大脑进行内部整理的高峰时期，但在此以后还有一个缓冲期，婴儿在1岁或2岁的时候还未完全发育，语言功能也从零逐步发展，所以，我们认为，关键期有一点像不规则的倒V形的连续体，其起始界限并不明显。

关键期对语言习得具有一定的影响，这一点毋庸置疑，国外的研究证明，孩子在12岁到15岁之间学习外语，习得外语的速度和效果要高于15岁以上的学习者，成年人学习外语的速度和效果明显高于6岁到10岁的学习者。当然，这些研究并不权威也不全面，也不能真正说明什么问题。另外还有两种现象未得到很好的解释：第一，越早开始学习外语，其发音就越准，语言就越地道；第二，15岁以后，人们的学习速度和学习效果会随着年龄的增长呈现下降的趋势。我们认为，越早开始学习外语，语音的准确性就越高，可能是因为脑中负责语音识别的神经元较其他神经元更"专业化"，关于这一点，还需要得到神经学方面的证实。至于第二种现象，有可能是因为随着年龄的增长，人的记忆力下降所导致的。

从当前的研究结果来看，在外语习得过程中与年龄因素有关的认识主要分为以下几种。

（1）人的年龄对外语习得的影响并不大，不管处于哪个年龄段都可以学习外语，也有可能获得良好的效果。

（2）学习外语的起始年龄可影响外语习得的速度和效率，在相同的时间内，少年学习语法、词义和词汇比儿童表现得更好。

（3）学习时间越长，越有可能获得成功。学习时间会影响整体的交际能力，但是，外语发音的准确度受学习语言起始阶段的影响。

关于年龄因素影响外语习得的解释有很多，其中一种是关于生理方面的解释，另外一种是从人的认知、情感角度做出的解释。

讨论年龄因素对我国外语政策的制定和外语课程的设置具有重要的影响，我国人口众多，国家对外语教育的重视程度不够，投入的教育资源有限，教育处于相对落后的状态。现在我们面临的主要问题是，如何使用最小的投入换来最大的收益。

很多年以前，我国外语界曾对在小学阶段开设外语课程有过争论，最终结果是，许多条件好的大中城市在小学三年级便开设了外语课，条件不好的地区在初中和高中才开设了外语课。据有关资料显示，从小学阶段就开始学习外语的学生，其外语成绩并不比从初中阶段学习外语的学生的成绩高出多少，但是他们在外语的发音上更加准确也更加清晰，这也为其今后学习外语奠定了良好的基础。此外，如果从小就在自然语音环境中学习外语，那么，其外语能力会更强。然而，从目前的状况来看，中国人在学习外语的过程中，并没有充分发挥和利用年龄这一优势。小学的师资条件不足，没有良好的外语教学环境，对小学生学习外语造成了不利影响，再者，小学开设的外语课程，在教育上的投入与产出比例相差太大。所以，我们从社会角度来考虑，如果有这方面需求且家庭条件允许的情况下，可鼓励子女从小就开始学习外语；从政府和教育部门的角度来考虑，除了保证一部分重点小学和特殊目的教学外，政府应该鼓励有办学条件的教育机构开办低年龄阶段的外语教育，以满足一部分学生学习外语的需求，与此同时，还要加强初中阶段的外语教育，上初中的学生一般都处在12~15岁这个年龄段内，这个阶段恰好是学习外语的最佳阶段。

此外，有一个我们非常熟悉的现象，但很少有人去认真研究它，即我国一些外语学校和外语院校附中在外语教学方面的成功经验。改革开放初期，我国一些外语学校培养了一大批外语人才，这些人中有一部分是自学成才，有一部分在经过短暂的学习和培训后便获得了较强的外语交际能力。

从我国上海外国语大学附属外国语学校（简称"上外附中"）毕业的学生，一般都具备扎实的外语基本功，进入大学以后，他们的外语能力也比一般中学的毕业生好很多。尽管上外附中非常注重培养学生的外语能力，课程中还设置了大量的外语课，其他课程安排的课时较少，但学生们其他各门功课的成绩并没有受到影响。

上外附中曾培养出一批上海市文理科高考总分的状元，他们在教育上的成功经验值得我们借鉴。最近几年来，许多大城市的小学毕业生都争相报考外语学校。就目前的状况来看，如果国家教育行政部门能组织相关人员深入研究外语学校的成功经验，学习外语学校的成功经验和教学模式，并将其应用在其他学校中或者在社会上进行推广，这不仅能在很大程度上满足人们学习外语的需求，还能提高我国的外语教育水平。

（二）智力

笔者认为智力就是掌握和使用某种技能的能力，有人认为语言潜能和智力因素有着密切的联系。

智力因素对母语习得的影响成分较少，有智力障碍的儿童在学习母语的过程中会受智力因素影响，一般儿童都能顺利习得母语，所以，我们认为，学习外语时，一般人都不会受智力因素的影响。

康明兹（Cummings）提出了两种不同的说法，他区分了两种不同性质的语言能力：第一种是认知/学习语言能力，这与智力因素有关；第二种是人际交往能力，它是口语交际能力的重要组成部分。康明兹（Cummings）认为这两种能力相互独立，它们对母语和外语的学习都有一定的影响。康明兹（Cummings）观点的理论意义是：在自然环境下学习外语基本上不受智力因素的影响；但是，当外语教学课堂侧重于语言形式的教学时，智力则起着重要的作用。

智力因素是否会影响外语习得，影响程度有多深，目前还没有确切的定论。在我们看来，要界定智力因素的概念并不容易，人们对智力因素所包含的内容及其所起的作用持有不同的看法。智力因素与年龄有关，也与人们所处的环境有关，它对语言习得过程有一定的影响。相关研究表明，年龄越小，学习环境越自由，智力因素的影响就越小；年龄越大，学习环境越正式，智力因素的影响就越大。

从智力因素的研究中得到的与外语教学有关的启示如下：

（1）让处在不同智力水平的学生，采用不同的学习方法学习，或采用不同的教学方法教不同的学生，可获得意想不到的效果；

（2）侧重于培养语言交际能力的外语教学活动，对智力水平不高的学生更加有效；

（3）侧重于语言形式分析和记忆的外语教学活动，对智力水平较高的学生更加有效。

(三) 语言潜能

语言潜能就是隐藏在学习者身体内部的某种能力倾向。主要分为三种：语音能力、语法能力、推理能力。

20世纪60年代，人们对语言潜能有了新的认识。乔姆斯基（Chomsky）首先提出了"语言能力"一说，人们随即对此展开激烈的讨论。乔姆斯基（Chomsky）认为语言能力受先天条件影响，语言能力体现在婴儿接触到一些语言素材后创造性地使用该语言，他认为语言能力就是一种语法能力。

社会语言学家海姆斯（Hymes）的观点与乔姆斯基（Chomsky）的观点相反，他提出"交际能力"的概念。交际能力是语言使用者在不同的环境中应用语言规则的能力，这里所涉及的知识较广泛，进一步扩大了语言能力的内涵。当我们在研究学习者语言能力的同时，还需要注意以下两个问题。

（1）人们在学习母语时，受智力因素的影响程度较小，但是在学习外语时，受学习者内在的语言能力和智力的影响程度较大，那么，是不是意味着人们在习得母语和外语时，所用的规律会有所不同呢？

（2）语言交际能力和语音知识的发展不一定平行，是不是意味着语言能力和交际能力不属于同一种能力，其生理与认知基础也不同？

从语言知识的角度来看，婴儿学习知识要经历一个从无到有的过程，通常在学习外语前人们已经掌握了一门基础语言知识，掌握基础语言可为外语学习奠定基础，为其提供参考依据，在学习外语的过程中，原有的语言知识也会发生改变。

从交际能力的角度来分析婴儿学习母语的过程，我们认为这是一个接受社会规约和文化价值并确定自己社会角色的过程。人们的社会身份在学习外语之前就已经得到确认，也掌握了语言中的指示转移原则，外语交际涉及跨文化的问题，我们应以包容的态度来适应和接受不同国家的语言规则和交际准则。

从认知能力的角度来分析婴儿学习母语的过程，我们认为这是婴儿认识世界和运用思维判断事物的过程。然而，外语学习者已经实现了社会化过程，头脑中已经形成了固定的思维方式，也找到了看待世界的方法。如果说每一种语言代表一种看待世界的方法，那么学习外语也就意味着学习者看待世界的方法要发生相应的改变。此外，人们生存的环境为母语习得创造了有利条件，语言的学习是一种无意识的认知活动，而外语学习却是一种自觉的过程，在学习外语的过程中，学习者通常需要调整自己的认知方式，帮助自己完成学习任务。

人们研究语言潜能的目的是要证实不同的人学习语言的能力是否会有所不同。到目前为止，人们除了对语言学习应具备基本的听、说能力达成一致的看法以外，对语言学习潜能与智力的关系、语言学习能力的组成因素、男生和女生在语言潜能上的差异以及语言天赋与艺术天赋是否一样等方面，还未达成一致看法。我们认为母语的听、说能力并不受智力因素影响，但是外语学习潜能在很大程度上会受智力因素的影响，同时也会受认知风格和学习策略的影响。实际上，学习环境和学习者的兴趣爱好与语言学习潜能具有一定的联系，外语学习潜能对外语习得的影响主要表现在速度方面，且有一定的限度。因为不同能力类型的学习者可利用某一方面的优势来克服另一方面的缺陷。

从当前我国外语学习者的学习近况来看，如果是外语或其他专业的学生，因为工作需要对外语能力有较高的要求，则应对其语言潜能进行深度考察，如果只是普通的外语学习者，我们只需要对其语言学习潜能进行大致的了解，以便为教学法的设计提供参考依据。

因为外语学习与母语学习不同，这两种语言的认知基础有很大区别，所以，在制定外语教学大纲和编写外语教材的过程中，要考虑外语的认知基础，鼓励学习者利用原有的知识，充分发挥其分析和归纳的能力。同时，在教授外语词汇时，应注意母语词汇与外语词汇之间的区别，挖掘学生的外语学习潜能，培养学生对文化差异的敏感性。此外，在教授语言使用规则时，需要注意文化因素对交际能力的影响，以便同时提升学习者的外语交际能力和外语知识水平。

（四）认知风格

认知风格是指人们接收、组织和检索信息的不同方式。人们将认知风格分为场依赖型风格和场独立型风格。

场依赖型风格的特点包括：①有较强的社会敏感性，容易与人交流；②更倾向于从整体上认知事物；③依靠外部参照系统处理信息；④缺乏主见。

场独立型风格的特点：①善于分析；②交际能力弱；③独立性强；④以自我为参照系统。

研究人员发现，场依赖型学习者更适合在自然环境下学习，场独立型学习者更适合在课堂上学习，在不同的学习环境中，这两种类型的学习者可获得不同的学习效果。但是关于这一点的研究暂时还缺少有力的证据。很有可能是不同的学习目的和学习环境需要采用不同的学习策略和认知风格。作为一名优秀的教师，应该注意了解学生所使用的学习策略以及学生的认知风格，并在不同的学习环境中采用合适的教学策略，注意发挥学生的特长，充分挖掘学生的学习潜能，引导学生采用合适的学习策略和认知风格，使学习者能够快速学好外语。

二、外语学习者的情感因素

学习者的情感控制是影响学习效率最主要的因素。婴儿学习语言是学习一种情感表达方法，而外语学习会涉及很多社会心理因素，从总体上来看，影响外语学习的主要情感因素包括：动机和态度，以及个性特征。

（一）动机和态度

动机就是带有明确的目的性进行某种活动，并为达到目的而不懈努力。态度则是一种信念、一种情感倾向、一种行动意向或实际行动。

态度作为一种情感因素对于某种目标的实施与取得最终的成功具有重要的影响，它与动机紧密相关，对某种文化感兴趣、向往其生活方式、渴望了解由它衍生的知识，这对于学习这种文化背景下的语言十分有利，相反，假如根本不认可某种文化，带着轻视的态度来学习该文化的语言，则很难取得良好的学习效果。如果对某种语言有好感，对其语法结构感到新奇，那么，学习外语的过程就是探索新奇事物的过程，从而避免因枯燥乏味的学习使学习者失去学习外语兴趣的情况；如果认为外语很不好学，并难以接受外语的表达方式，这对于外语学习一定会产生不良的影响，学习者是否喜欢所学内容，是否对教学活动的组织形式感兴趣，都会影响到学习者的情绪和学习效果。

教师在外语学习过程中起着重要的引导作用，教师的个性也是学习者学习

态度的影响因素之一，性格活泼开朗的教师可带动学生的学习情绪，让他们以饱满的精神和积极的态度去学习外语知识。总而言之，学习态度影响着学习动机，在特殊的情况下，学习动机也会反作用于学习态度。

（二）个性特征

心理学把人的性格分为两种类型，一种是内向型，另一种是外向型，这两种性格对外语习得具有不同的影响。

曾有人认为性格外向的学习者具有较强的交际能力，说外语的机会更多一些，因此学习外语的速度要快于性格内向的人，后来有人对此进行了相关研究，但研究结果表明这一说法有误。

最好的解释是，性格不同的人可采用不同的学习策略来完成不同的学习任务。性格外向的学习者善于交谈，大脑可快速接收和处理信息，也可获得更多语言实践机会，但是性格外向的人通常并不注重语言的形式，这对于外语的学习会产生不利影响；性格内向的学习者做事更加稳重，其内敛的性格有助于他们更加深入、细致地研究事物的内涵与形式，在注重语言形式和语言规则的教学中，他们占据着绝对优势。

教师可根据学生的性格特征采用不同的教学方法，教学方法主要分为两种：第一种是顺其自然，发挥不同性格的优势解决不同的学习任务；第二种是采用恰当的手段，让不同性格的学习者适应不同的学习环境和任务。总之，教师要充分了解学生的性格，以便顺利实施教学。

以上内容主要介绍了个人因素对外语习得的影响，国外研究者以此为基础，对外语习得过程的特征进行了具体的描述，虽然不全面也不权威，但多多少少会对我们有所启发，这些特征如下：

（1）融入团体学习氛围中，克服各种不良心理的干扰；

（2）寻找练习外语口语的机会；

（3）有强烈学习外语的意愿，同时具有强烈的"任务动机"；

（4）在语法学习的初始阶段已是少年或成年人而非小孩；

（5）利用所提供的机会，提升倾听外语的能力，并及时做出反应，注意学习的意义；

（6）有足够的分析技巧以接受、区分和贮存外语的特征，并检测错误；

（7）敢于冒险，勇于实践；

（8）能适应不同的学习环境。

第三节 外语教学过程的策略研究

外语教学过程中的策略研究的主要内容包括外语教学过程的内涵、外语教学过程的呈现、教学过程中语言策略的培养以及教学过程中语言策略的应用。

一、外语教学过程的内涵

外语教学过程主要包括 PWP 教学过程、任务教学过程以及自主学习教学过程。

（一）PWP 教学过程

PWP 教学模式一般用在听力和阅读教学中，它对学习过程的重视程度远大于对学习成果的重视程度。

1. PWP 在听力教学中的应用

人们通常会认为听力理解和阅读理解是被动进行的，实则不然，学习者在学习过程中要充分发挥主观能动性来处理所获得的各种信息，例如，在练习听力时，学习者必须集中全部注意力将所听到的信息与已有的知识相关联，才有可能理解其中的含义；如果没有集中注意力或者已储备的知识不足，则难以理解所听内容的含义。在阅读理解中，学习者会通过眼睛来捕获信息，并在脑海中对已获得的信息进行加工或重构，试图理解文章的内涵。这个过程不单纯是对文字字面意义的理解过程，其中涉及学习者对语言、社会背景、文化背景、文章结构、文章类型等知识的理解。阅读理解能力强的学习者可辨别词汇、短语的意思，了解与阅读文章有关的常识，理解与文章内容有关的知识，这些知

识在阅读过程中也会相互影响。①

由此可见，听力理解与阅读理解并不是被动进行的。课堂教学环境下的 PWP 听力教学活动主要包括下述三个阶段。

听力前阶段：这一阶段采用预测问题、提出问题、发现问题等方法，帮助学习者确立听力目标、激活背景知识、展示话题、提高学习动机，并训练与之相应的语言形式、功能。例如，为了提高学习者对听力材料的理解，在进行听力训练前，可为学习者提供与听力材料有关的知识。

听力中阶段：这个阶段是听力教学的关键阶段，教师在这一阶段所起的作用不大，此时学习者应集中全部注意力来获取信息，并对获得的信息进行加工处理。教师可采用丰富的教学活动增加教学趣味性，调动学习者的学习情绪。例如，根据听到的内容表演动作、绘制图片或判断对错等，从而达到提高听力技能的目的。听力任务的难度受学习者完成学习任务的方式的影响。②

听力后阶段：学习者应用学习到的知识和技能评估听力效果，通过完成听力任务达到巩固听力信息和提升听力技能的目的，需要注意的是，这个阶段应测试学习者对听力材料的理解，并不考查他们的记忆能力，假如听力材料太长，学习者会很快忘记前面听到的内容。在听力课堂上，教师可以将学习者分成不同的小组，然后提出一些开放式问题，让学习者对问题进行讨论，或者提出一些推理式问题，让学生判断所听到的内容，教师可以此来判断学习者的情绪状态。

2. PWP 在阅读教学中的应用

在外语教学过程中，PWP 阅读教学活动分为三个阶段。

阅读前阶段：这一阶段具有"导入"特征，在这一阶段中，教师会介绍文章的背景知识，讲解词汇、语法、句法知识等，激发学习者对文章的阅读兴趣，例如，采用预测的形式阅读文章，在阅读过程中归纳文章的中心思想，使学习

---

① 许立红，高源.农村小学外语有效教学策略 [M].成都：西南交通大学出版社，2015.

② 常宏.大学外语教学策略研究与实践 [M].北京：知识产权出版社，2017.

者更好地理解文章的主题。

阅读中阶段：这一阶段属于阅读学习的中心环节，学习者在教师的组织下参与教学活动，让学习者掌握文章的结构特征、主题思想、文章体裁，从而达到提高阅读技巧、训练阅读策略、提升阅读理解能力的目的。学习者在这一阶段不仅要能读懂文章，还要根据自己的理解进行推理阅读。通常情况下，学习者往往不太容易识记一般文章所呈现的内容，如果将同样的信息转化成图片、表格、流程图等形式，可使学习者在较短的时间内理解文章内容。

阅读后阶段：教师可让学生对所学内容进行准确评价，如相互交流、复述内容、相互协作、角色扮演等，以复述所学内容为例，教师先为学生详细讲解文章内容，让学生深入了解文章主题思想与文章内涵，然后引导学生复述所学的内容，教师可根据学生对文章的复述情况，判断自身教学效果与学生的学习效果；角色扮演主要用于阅读后阶段，它也是一种语言学习活动，角色扮演时可为学习者提供说外语的机会，激发学习者的学习兴趣。

（二）任务教学过程

任务教学过程就是学生完成学习任务的整个过程，先以具体的学习任务为学习动机，再以完成学习任务作为学习过程，最后以学习成果来体现教学效果。所以，任务教学过程非常重视引导学习者参与学习过程以及学习者在这个过程中对外语的运用，就目前来看，我国外语教学在教学方式、课程设置、师生比例等方面与其他国家的外语教学相比独具特色，有专门为基础阶段的学习者设置的课堂程序。课堂程序可分为四个阶段，分别是任务的设计、准备、呈现与评价。

在任务设计阶段，教师应确定教学任务的意义，确定真实的语境与交际目的，与此同时，教师还应设计有一定层次的学习任务，学习任务中既包含对话练习，也包含较为复杂的任务活动。而且，还要提高学习者的学习兴趣，因为兴趣是一切行为的驱动力，它可进一步转化为学习动机，学习动机的强弱与学习活动的强弱成正比，因此，学习任务一定要在学习兴趣的基础上进行设置。

任务准备阶段是指在学习者运用学习的新语言完成任务之前，教师向学生

讲明完成学习任务应掌握的知识，让学生采用正确与得体的语言表达方式，为完成后面的学习任务奠定基础。在这一阶段，应让学生采用正确的语言表达方式，其主要目的是让学生深入理解完成学习任务时使用的语言要素。要做好这一点，教师应把握好教学内容的主题思想，并根据任务需要做好充分的准备。

在教学实践过程中，语言使用呈现往往是在语言学习以后，以引导学习者发现、教师提示、师生合作归纳等方式进行。尤其是学习者难以把握和难以察觉到的语用内涵，教师要采用详细、生动的方式进行讲解，以便于学习者把握准确的语用内涵。

在任务评价阶段，教师通过观察、询问、讨论等方式，引导学习者反思任务完成的过程，例如，将任务完成结果与任务完成目的进行对比、观察学习者是否掌握了所学的语言形式等。

（三）自主学习教学过程

自主学习教学过程强调依据相应的理论为学习者创造良好的学习环境，让学习者采用协同合作的方式进行学习，在此过程中，学习者要学会自我管理和自我评价，并最终成为自主学习者。所以，自主学习的关键内容是创设和谐、互助、自主的学习环境。教师把阅读材料发给学习者，学习过程以自主学习为主，以相互学习和教师指导为辅，以此增加学习者的知识储备，提升学习者的学习能力。由于自主学习教学过程可使不同学习者的学习成绩得到不同程度的提高，这使进一步激发了学习者的学习兴趣，充分发挥了学习者的主观能动性，较好地实现了教学的目标。

在自主学习教学过程中，教师所起的作用主要是鼓励不同的学习者采用不同的学习方式学习知识、增长技能，并不刻意要求所有的学习者使用同一种学习方式获得统一的学习效果，教师以尊重的态度帮助学生发展个性化的学习方式。每个人的认知风格都不同，有些人喜欢独立思考，表现为具有场独立风格的学习特点，有些人依赖性较强，喜欢采用相互讨论的方式学习，表现为场依赖风格的学习特点，解决同一个问题，不同的学习者会采用不同的解决方式，有人采用独立思考的方式，还有人采用合作交流的方式。

自主学习指的并不是学习者根据学习材料自学，自主学习教学模式实际上是一种小组自学模式，在教学过程中将学习者分成若干小组，让学习者在小组内以合作交流的方式学习。在这种教学模式下，学习者会积极参与到学习活动中，与他人相互配合共同完成学习任务，学习者可因此获得更多不同的学习资源，在分享学习信息和整合学习资源的过程中，不仅能完善自我认知能力、提升学习技能，还能培养学习者的合作意识。

教师在提出问题前，应先设计出符合不同学习者认知能力和认知水平的问题，然后再有针对性地提问，鼓励学习者探索不同的问题，从不同的角度探索问题中暗含的规律，并将自己的想法说出来，这样不仅能使学习者养成独立思考的习惯，还能提高学习效率。

自主学习过程注重让学习者学会学习，培养学习者的学习能力、探索问题的能力以及解决问题的能力。在开展学习活动时，教师作为合作者与促进者可向学习者介绍学习任务、提供学习材料、提出学习问题。在参与学习活动的过程中，教师应根据学生对所学内容的理解与学习中存在的问题，适当地将学生向正确的方向引导，或鼓励学生提出不同的观点，并肯定学生提出的正确的观点。

一旦发现学习者在学习中遇到困难，教师就要进行及时引导，帮助学生解决问题，同时，教师还要对学习者进行心理辅导，缓解学习者的心理压力，引导学习者学会倾听、理解和分享，帮助学习者树立自信心，让他们积极地参与到学习活动中。教师还要充分发挥自身作用，善于发现学习者身上的闪光点，及时解决他们提出的问题，并肯定其富有创意的问题解决方式。

二、教学过程的呈现

（一）语言知识与功能的呈现

语言能力与语言的应用能力都属于人的交际能力。语言能力指学习者对语言知识的掌握；语言应用能力是指学习者所具备的听、说、读、写的能力。假如学习者没有掌握语言知识，就不可能获得语言应用能力。获得语言知识和语言应用能力不仅是学习者应实现的学习目标，还是外语教学应完成的教学目标。

掌握语言知识与语言功能的呈现策略，可使学生在理解和应用相关知识时，更加得心应手。

"先行组织者"是奥苏贝尔提出的概念，它对于改善学习者的认知结构、增强大脑对新知识的记忆能力具有重要的意义，"先行组织者"是指在学习前教师将具有引导性的材料呈现给学习者，用旧知识来导入、整合和联系新知识，所以，教师应深入挖掘教材的内涵，尽量将旧知识和新知识联系在一起，使学习者的认知结构与语言知识相关联，从而让学习变得更加有意义。

教师在呈现语言知识和功能时，应将关键信息呈现出来。从信息传递的角度来看，客观意义上的信息呈现与学习者的知觉选择具有一定的差距，也就是说，语言输入由于学习者认知结构的特点，对信息传递的效果会产生较大影响，所以，在呈现语言知识与功能信息时，教师最好选用一些关键性的信息。例如，在多媒体教学中，为了促进学习者对有关知识的理解和掌握，教师可采用删除复杂背景、增加课堂实例等方法来凸显信息。

为了减少记忆过程中的后摄抑制和前摄抑制的干扰，可将关键内容放在教学的开头或结尾处，从而加深学习者对关键内容的记忆效率。

学习效果还受学习频率的影响，适当增加学习频率可提升记忆效率、提高教学效果。在教学过程中，关键内容的呈现方式有很多。这里需要明确一点，适当地重复教学内容与教学内容的时效性没有任何冲突，两者之间存在相辅相成的关系，教学内容的时效性越弱，所需的重复次数越多，教学内容的时效性越强，所需的重复次数就越少。

（二）不同技能在教学中的呈现

语言应用能力是人际交往必不可少的技能，同时也是人们探索事物、认识事物、交流情感不可或缺的途径，外语教学的主要目标是培养学生的外语应用能力，提升外语应用能力对于外语教学具有重要意义。实际上，语言应用能力中所包含的四项技能（听、说、读、写）是相互依存的关系，它们之中的任何一项有缺陷都会影响到整体的发展，因此，这四项技能需要得到全面提升，但是，听、说、读、写各种语言活动又有各自的特点，教师需要结合它们的特点有针对性地进行训练，从整体上提高教学质量。

1. 展示听的技能

听是口头交往活动的基本形式，它总是先于说，听不仅是接收语言信息，还是思考语言信息、重组语言信息、理解语言信息和吸收语言信息的过程，它与学习者的认知方式、情感因素密切相关，所以，在训练听力时，注意听力材料的真实性、可理解性与多样性，使语言具有真实交际意义，符合学习者现有的知识水平，让学习者接触丰富多彩的语言；还要注意符合学习者的动机需求、情感状态，让学习者对所学知识的背景有所了解，保持学习者思维的活跃性，从而提高听力效果。

2. 展示说的技能

说的能力也是人际交往活动的基本形式，它和听力都属于大脑思维的过程，说的人可以根据自己所掌握的语言知识创造性地应用语言。教师可借助教学活动来内化语言规则，避免学习者使用母语的语言规则来翻译外语，让学习者能够通顺、流利地表达自己的想法，所以，在训练说的能力时，要本着先听后说的原则，在学习过程中要求学习者听清、听准、理解后再口头模仿；使口语活动多样化，增加学习者的学习兴趣；符合学习者的语言能力与语用能力，使学生运用恰当的语言，实现交际目的；创设交际情景，调动学习者的情绪，让学习者大胆表达，实现口语训练的目的。

3. 展示读的技能

读是书面交际活动的基本方式，它是通过视觉获取书面信息的行为。人们通过读来感知语言信息然后将获取的知识内化于心，它是语言知识、文化知识、经验等相联系的认知过程，随着社会的进步，电脑等高科技产品走进千家万户，信息的传播速度加快，外语阅读优势逐渐凸显出来，所以，在训练读的能力时，要注意使用真实、有效、易于理解、涉及知识面广、趣味性强的阅读材料，还要注意阅读材料要与阅读者的知识水平、阅读兴趣相符。在提高语言知识的同时，还能使其充分享受到阅读所带来的愉悦。

4. 展示写的技能

写也是人际交往的一种表达技能，它是将思想转变为文字符号的过程，在外语学习的不同阶段，对写有着不同的要求，初级阶段的写作活动是为了促进学习者使用外语表达个人感受，它是高级阶段交际性写作活动的前提条件。写作是外语教学的目标之一，在训练学习者的写作能力时，需要注意将听、说、读与写相结合，以此提高写的准确度，还要符合学习者的语言水平，以便其采用合适的词汇恰当地表达思想，增加写作活动的多样性，以便传达出丰富多彩的信息，教师要注意激发学习者的写作兴趣，捕捉学习者的兴趣爱好，结合实际生活和真实情感来创设问题情景，为学习者提供表达真实想法的机会，避免漫无目的的写作活动，使他们有话可说、有情可抒。

（三）任务的呈现

任务教学法倡导在教师的指导下，促进学习者投入知识的心理构建过程，将新旧知识相互联系，激发学习者的学习兴趣，所以，在任务呈现过程中需要注意以下几方面。

1. 有利于学习者先前知识的激活

学习者在教师的指导下将新信息与旧知识整合在一起，形成更高层次的知识结构，例如，教师使用语义联系的方式激活学习者原有知识，或提供典型例题讲解核心概念，这样可帮助学习者理解这一概念。

2. 各项技能的使用

外语教学过程中，教师可以采用不同技能来展示新信息。例如，可以通过视觉的形式来展示阅读材料，也可以通过听觉的形式来展示阅读材料，即在展示阅读材料时，不仅可以使用读的技能还可以使用听的技能。但是，如果多种感觉通道提供的信息量太多，或呈现出两种无关的信息或信息量太大时，学习者会难以接受，对教学效果也会产生不良影响。例如，教师让学习者阅读书本和黑板上的内容，却不给学习者留出思考的时间，自己仍然在讲台上滔滔不绝地讲话，这样会让学生不知所措。

3. 任务难度适中

教师在展示学习任务时，要确保任务难度适中，太难的学习任务会给学生带来压力，让他们失去学习的积极性。在设计任务时，可适当安排一些有难度的学习任务，让学习者产生进一步探索的欲望。

三、教学过程中语言策略的培养

学习策略是指为了完成学习目标而采用的学习行为与学习方法，培养学习策略的过程就是提升学习者学习能力和认知水平的过程，学习者在这个过程中可进行自我监控和自我调节。根据学习者的心理特点，可将学习策略分为元认知策略、情感/社交策略和认知策略。

元认知是指学习者在学习过程中的感受，它主要由元认知知识、元认知经验与元认知监控共同组成，元认知学习策略是指学习者将个人知识与个人经验相结合调控学习过程所采用的策略。在培养元认知学习策略的过程中，学习者可利用不同的资源来学习外语，主动寻找学习外语的机会。另外，学习者可通过不同的方式来分析学习中的各项需求，并根据不同的需求来提升自己的外语能力。[①]

情感/社交策略并不受智力因素影响，情感策略有助于学习者保持良好的学习心态。例如，移情就是通过换位思考来体验他人情感，理解他人情感有助于合作，可帮助学习者们快速完成学习任务。当遇到很难解决的问题时，教师可以引导学习者与别人合作，共同解决问题，缓解学习者的学习压力，增强学习者的自信心。

认知策略是指学习者为了解决具体的问题而采用的学习策略，可根据语言应用技能将学习策略分为：听力策略、词汇策略、阅读策略、写作策略等。

四、教学过程中语言策略的应用

对于初学外语的人来说，外语策略应用能力并不是短时间内就能培养出来的，它需要在长期的学习过程中逐渐发展起来。刚接触外语时，学习者会对外

---

① 高铃，肖越. 大学外语教学策略研究 [M]. 长春：东北师范大学出版社，2018.

语的语调、句子、语篇等感兴趣，教师在这个阶段起着重要的引导作用。随着学习者语言知识的增加以及语言应用能力的增强，他们找到了属于自己的学习策略与学习方法，也发展和强化了自我监控、自我调节的意识。

即便初学者在最初阶段会有意识地进行自我观察和自我监控，但这只是针对外语语音、句子和对话等部分内容进行的调控。在教学过程中，教师应多讲解认知方面的知识，并鼓励学习者将其应用在学习过程中，使其得到不断强化和巩固。与此同时，教师还要加强培养学习者的认知体验。伴随学习者认知知识和认知体验的增加，学习者的自我监控能力得到全面发展，即从语音、语句、对话逐渐拓展到语言的实际应用层面。

策略能力的培养可通过教师对策略内容和使用的讲解来实现，还可以在培养语言技能的同时培养策略能力。例如，在听力训练中，为了提高学生的听力效果，教师可鼓励学生采用合适的学习策略进行训练。这些策略主要有：寻找关键词和非语言线索；根据上下文猜测陌生词汇或漏听内容的意思；根据语境判断说话者要表达的内容；体会所听内容的主题思想，集中全部注意力倾听主要内容。[①]

经过长时间的策略应用训练后，学习者对学习策略应有所认识，并且可以在相关材料的辅助下，增强自我监控和自我反思能力，对自己所使用的策略进行评估，还可以调整不适合自己的学习策略，实际上，这是对学生自主学习能力的培养，让学生学会采用正确的方法学习。伴随学习者策略意识的增强，学习者可将应用在课堂上的学习策略延伸到课外活动中，提升学习者自主应用学习策略的能力。

---

① 常宏. 大学外语教学策略研究与实践 [M]. 北京：知识产权出版社，2017.

第四章　新思维下外语教学方法的理论基础

外语教学方法是一个抽象而广阔的研究领域。由于方法论的研究范围较广，所以，有必要对教学方法的概念做出解释，为此，本章将对外语教学方法的定义、分类、基本构架以及教学方法的选择做简要的论述。

第一节　外语教学方法的定义

《现代汉语词典》对外语教学方法的解释是："关于解决思想、说话、行动等问题的门路、程序等"。在外语教学中，方法大致可分为三个层面：宏观层、中观层、微观层。

外语教学方法中的宏观层是指有关外语教学系统的理论、观点和操作程序，这些观点、理论和操作程序之间存在相互依存的关系，整合后可形成一个相对独立且完整的体系。所以，宏观层的外语教学方法又被称为外语教学流派，例如，语法—翻译法、认知法、交际法等。

外语教学方法中的中观层是指外语教学中的某些规律性的方法，是一种较复杂的、有具体步骤的、系统的、技巧的做法。

外语教学方法中的微观层是指具体的教学技能技巧。在这个层面上，方法一词不是外语教学的专用术语，而是日常用语，是解决问题的具体做法，例如，语法教学中的演绎法，词汇教学中的默写法，语音教学中的拼读法。

以系统的原则和程序为基础的教授语言的方法是语言教学方法，即教授语言和学习语言的最好的方法，从外语教学的定义上看，它是一种以系统的原则和程序为前提的语言教学方式，是对语言教学最佳方式的应用，在应用过程中，它涉及语言教学的目标、语言学习的本质、语言教学的技巧、语言教学的程序等内容。

外语教学方法是与外语教学有关的思想体系，这个体系可分为理论层面和实践层面，前者可用来解决外语教学的理论、观点、原则等问题，属于科学分析；后者主要用来解决教学活动中存在的问题，它属于科学应用。理论与实践相结合正是外语教学所要达到的最终目标。

第二节　外语教学方法的分类

世界外语教学史上有很多对外语教学有深刻影响的教学模式，外语教学模式在外语教学界有很多不同的称呼：教学途径、教学方法、教学流派。表 4-1 列出了在世界上具有重大影响的外语教学模式，以及这些教学模式的主要特征、起源地和发展年代，展现了世界外语教学模式发展变化的主要脉络。

表 4-1　外语教学模式的主要特征

名称	主要特征	起源地、年代
语法—翻译法（The Grammar-Translation Method）	（1）强调目的语的语法教学；（2）主要教学手段是目的语和母语之间的互译；（3）课堂教学采用学生和教师共同的母语；（4）句子是教学活动的主要语料	德国，18 世纪末
直接法（The Direct Method）	用目的语进行课堂教学和课堂交际，回避使用母语和翻译教学手段	欧洲，19 世纪下半叶
阅读法（The Reading Method）	提高学生的阅读理解能力是语言教学的唯一目标	美国，20 世纪上半叶
口语法或情景法（The Oral Approach Situational Language Teaching）	（1）语言教学以口语开始，教学材料口述为先，文字为后；（2）目的语同时也是课堂教学用语；（3）新的语言点在情景中引出，在情景中练习；（4）教学词汇的选择要确保核心常用词汇的完整性；（5）语法教学由易到难，循序渐进；（6）在足够的词汇和语法的基础上开始读和写的教学	英国，20 世纪二三十年代
听说法（The Audiolingual Method）	（1）将听、说、读、写四项语言技能分开训练，并强调听和说的技能；（2）教学材料主要是对话；（3）强调使用模仿、背诵、句型操练等练习手段；（4）使用语音实验室；（5）以语言学和心理学理论作为理论基础	美国，20 世纪 40 年代
视听法（The Audiovisual Method）	学习者在有意义的可视场景中练习目的语	法国，20 世纪 50 年代
认知法（Cognitive Approach）	（1）强调有意识地把目的语作为一个充满意义的系统来加以习得；（2）力图把认知心理学和转换生成语法作为理论基础	美国，20 世纪 60 年代中期

续表

名称	主要特征	起源地、年代
交际法（Communicative Language Teaching）	（1）外语教学的最终目标是培养交际能力；（2）采用以交际活动为核心的教学程序来进行听、说、读、写的教学	英国，20世纪70年代
全身反应法（Total Physical Response）	（1）通过语言与行为的协调来教学语言，如小孩儿习得母语一样，先用身体反应，再用语言反应；（2）通过使用祈使句来教授大部分语法和词汇	美国，20世纪70年代
沉默法（The Silent Way）	（1）强调学比教重要；（2）除了示范新的语音、词汇、句子以外，教师应尽量保持沉默，多用手势、动作、实物、彩色棒、颜色音图等替代语言表达意思	美国，20世纪70年代
暗示法（Suggestopedia）	（1）充分利用音乐背景装点学习环境，以营造令人心情舒畅的学习气氛；（2）强调权威的作用；（3）建立高度的自信心；（4）充分发挥无意识活动的积极作用	保加利亚，20世纪60年代
协作法（Cooperative Language Learning）	主张充分利用小组活动和双人活动，最大限度地促进并调动学生的协作性和互动性，从而推动语言学习	美国，20世纪六七十年代
自然法（The Natural Approach）	（1）倡导外语习得（2）强调学生能理解的语言输入；（3）主张说的自发产生；（4）注重营造轻松愉快的学习气氛	美国，20世纪70年代
社团学习法或咨询法（Community Language Learning Counseling-Learning Method）	（1）强调学生在集体学习过程中的安全感；（2）激发学生的自信心和上进心；（3）主张学生用心思考、记忆和吸收他人的语言材料；（4）注意辨别自己和别人的语言应用的正误和差异	美国，20世纪70年代
任务法（Task-Based Language Teaching）	（1）以任务为主要课堂教学活动，使学生在接受任务、执行任务、检查任务的过程中学得和习得目的语；（2）强调以完成任务为表层目的、以学得和习得目的语为深层目的的学生自主学习与合作学习	澳大利亚、美国、英国，20世纪80年代
整体法（Whole Language Approach）	反对将语言分解为语音、语法、词汇或听、说、读、写等彼此割裂的语言要素或技能来进行教学，主张把语言作为交际的、意义的、互动的一个完整存在来学习	美国，20世纪80年代
内容法（Content-Based Instruction）	认为语言的生命力不在于语言的形式，而在于语言的内容，因此语言教学不应该以语言本身为中心，而应该以语言携带的内容和信息为中心	美国，20世纪80年代
词汇法（The Lexical Approach）	认为在语言学习、语言应用、语言交际中，词汇比语法、功能、意念以及其他概念更为重要，对词汇包括单词、短语的学习，应该成为语言学习的基本任务和主要目的，应该以词汇学习为核心来开展语言教学	英国，20世纪90年代

从收集到的教学方法来看，每一种教学方法都有其各自的特点，当然也有一些共性。外语教学模式还具有很多不同的类型，但无论它们被分为哪种类型，都有一个相同点，就是包含了语言教学的基本观点，在不同时期提出了某些独特的新主张，且都是为了解决语言学习中存在的问题。由此可见，语言教学方法的发展史是人们探索语言奥秘的历史，探索的过程是漫长而曲折的，很多年来，人们专注于寻找有效的教学方法来解决语言教学中出现的各种问题。[①]

第三节　外语教学方法的基本构架

本节重点介绍外语教学方法的基本构架，了解外语教学的基本构架可为教师建设独特教学风格提供参考，还可作为读者分析、比较、解决各种外语教学方法等问题的工具。

一、AMT 三级构架模式

外语教学方法的三级构架是由美国语言学家安东尼（Anthony）提出的，他想证明外语教学理论与实践之间既是相互依存又是相互独立的关系。

这个体系具有一定的层次，它的组织构架是：技巧策略是方法体系形成的基础，而方法体系在形成过程中需要参考教学理论。教学理论是对语言教与学的假设，教学内容的本质可通过教学理论体现出来。方法体系是与教学材料密切相关的整体计划，计划内的各个部分需要相互协调，与理论原则保持一致。教学理论具有自明性，教学方法具有程序性，教学策略具有工具性，一个教学理论能延伸出多种不同的教学方法体系，课堂上所采用的教学策略，是为了实现教学目标而采取的具体教学措施，教学策略与教学方法体系应保持一致，还还要与教学理论相符。

我们称安东尼（Anthony）的理论为 AMT 三级构架模式，如图 4-1 所示。

---

① 鲁子问，康淑敏. 外语教学方法与策略 [M]. 上海：华东师范大学出版社，2010.

```
        Technique（技巧策略）
                ↑
        Method（方法体系）
                ↑
        Approach（理论原则）
```

图 4-1　AMT 三级构架模式

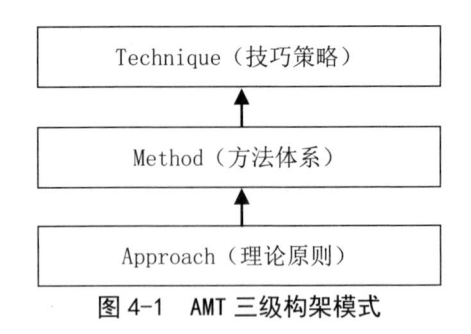

该模式把教学理论原则和教学技巧策略放在教学方法体系的外部，它们不属于教学方法体系的内部结构，因此，虽然该模式描绘的构架具有一定的合理性，但是其包含的教学方法体系却并不丰富，不能表示出上一节所提到的语言教学方法的含义。

二、ADP 三维模式

里卡德（Richard）和罗杰斯（Rodgers）在外语教学方法的三级构架的基础上提出了外语教学方法构架 ADP 三维模式。

该模式认为，一个完整的外语教学方法应要具有三维描述：教学理论原则、教学设计和教学步骤。教学理论原则是在语言和语言学习的基础上构建的理论，它不仅包含对语言本质特征的描述，还包含对语言学习本质特征的描述。教学设计是教学方法的核心，它分析和确定了教学内容、教学任务、教学功能等，具体描述了教学目标、课堂活动、教师作用与教材功能等。教学步骤是教学方法的实施过程，课堂上实际进行和完成的事情都属教学步骤。里卡德（Richard）与罗杰斯（Rodgers）提出的教学方法三维构架不同于安东尼（Anthony）提出的教学方法三维构架，教学方法三维构架内部的各个组成部分既相互独立又彼此依存，从外部看三维构架模式更加完美，从内部看三维构架模式也更加完整。此外，该模式内的教学方法体系中还包括语言、语言学习理论、教学技巧，并且将方法体系的核心内容分为不同的类型，使其变得更加丰富、更加完善。

但是三维构架模式下的教学设计属于理论部分，教学步骤属于实践的部分，因此，教学设计和教学步骤相互独立，导致一部分内容在它们之间重复出现。从原则上讲，教学方法只是一种概念，并不是教学实践本身，对教学方法的应用属于实践教学的一部分,因此,在课堂上应用的教学方法不应该纳入教学方法体系的构架中。

三、五层框架模式

王才仁在综合考察前人的教学方法构架模式之后,提出了一个五层框架模式,如图 4-2。

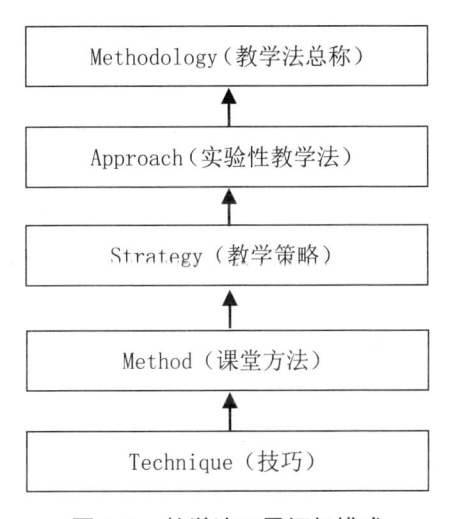

```
Methodology(教学法总称)
        ↑
Approach(实验性教学法)
        ↑
Strategy(教学策略)
        ↑
Method(课堂方法)
        ↑
Technique(技巧)
```

图 4-2 教学法五层框架模式

该模式是对相关教学方法的整理,用非常合理的形式明确了它们的定义和关系,该模式通过教学策略把与教学法有关的概念分为上、下两个部分,上面是理论部分,属于科学范畴;下面是实践部分,属于艺术范畴。在教师的策划下,教学策略起着重要的支撑作用,这样就把理论和实践、科学和艺术统一于一个整体之中,形成一个完美的教学方法论体系。王才仁提出的教学法五层框架模式丰富了中国外语教学方法的研究理论,对中国外语教学的发展做出了突出的贡献。

第四节 新思维下外语教学方法的选择

良好的教学方法是促进教学任务顺利完成的保障,同时也是实现教学目标不可或缺的手段。将合适的教学方法应用在教学活动中,具有优化教学内容、

提升教学效果的作用，所以，在选择教学方法时，要注意选择科学的、合理的、有效的方法，教师要从众多不同的教学方法中选出一种最佳的教学方法实非易事，我们认为，在选择具体的教学方法时，要考虑教学目标、教学内容、学科特点、学生特点、教学环境和教师水平这六种因素。

一、教学目标与教学内容

选择教学方法的主要目的是更高效地实现教学目标，让学生快速掌握所学知识，从这一点来看，选择正确的教学方法不仅有利于教学目标的实现，还有利于提高学生的学习成绩，它是一种完成教学和学习任务的重要方式或方法。在不同的学习阶段，教学目标和教学内容都有所不同，教师应根据不同的教学目标和教学内容，选择合适的教学方法，如果教学目标有所变动，教师应根据教学内容的特点，选择最佳的教学方法，或者将多种不同的教学方法融合为一体，以便获得良好的教学效果。①

二、学科的特性

不同学科具有不同的特点，在教学过程中，应针对不同的学科采用不同的教学方法。中小学阶段是学习的基础阶段，在这一阶段内，教师要完成语言和教育两种教学任务，不仅要培养学生的语言素质，还要培养学生的综合素质，从而使学生得到全面发展。因此，中小学外语教学的目标是培养学生外语运用能力和基础阶段的综合素质，在重视知识学习和技能学习的同时，也不忘记提升学生的综合素质。在外语教育的初级阶段，学生是教学活动的主体，教师主要对其进行语言教学，让他们掌握语言知识和语言技能。明确初级阶段的教学目标，对外语教学的发展具有重要的影响。②

三、学习者的认知水平和年龄特点

虽然在同一个班级，但是不同学习者的认知水平和年龄都不同，教师可根

---

① 郑道俊. 外语教学新方法探究 [M]. 西安：陕西师范大学出版社，2006.
① 郑玉琪，侯旭，高健. 后方法时代外语教学原理与实践 [M]. 南京：东南大学出版社，2015.

据班级整体状况选择相应的教学方法，课堂教学效果受学习者的认知水平与已掌握知识的影响。假如教师能够掌握好每个学习者的认知水平、生理特点和性格特点，可在很大程度上减少突发事件，这有助于教师顺利完成教学任务，从而获得良好的教学效果。因此，在选择教学方法时，要提前估计和预测学生的认知水平和年龄，例如，性格外向的学习者在课堂上比较活跃、富有激情，而性格内向的学习者往往比较被动，教师应根据学生特点合理选择教学方法。

四、学习者的心理特点

学习者心理特点包括：情感、兴趣爱好、意志力、自信心、合作意识等，心理学研究表明，人的记忆、感觉、知觉、思维等的发展受情绪状态的影响，例如，在积极的情感态度下，人的大脑可对接收到的信息进行有效的组织、处理和储存，在消极的情感态度下，人心智功能的发展会受到抑制，教师在选择教学法时，需要把心理因素作为一个重要的参考标准，在培养学习者语言应用能力时，还需要照顾到他们的情绪。培养学生良好的心理素质，不仅有助于提高教学质量，还能促进学生的健康发展。

五、具体教学环境的特点

选择教学方法时，还需要考虑教学环境的特点，教师应根据实际情况，选择科学、合理的教学方法。传统的教学环境是在集体授课模式下建立起来的，以集体形式展开学习活动，教室里设置的有黑板、讲台、课桌等物品，教师在这样的环境中为学生讲课并积累丰富的教学经验。现代教学环境与之前相比有了很大变化，教室内设置了新的教学用品，传统的教学工具被计算机和多媒体所替代，学生在课堂上占据主导地位，教师成了学生的得力助手，起到引导学生学习的作用，当学生遇到难以解决的问题时可以请教教师，教师也可以采取与学生合作的方式来完成教学任务，随着时代的发展与教学环境的变化，教师们所使用的教学方法也应根据具体情况进行适当调整，做到与时俱进，假如教师对自己的教学方法不做任何调整，一定会影响到教学效果。[1]

---

[1] 张春媛，赵晟琦，李舒. 外语教学方法与策略 [M]. 哈尔滨：黑龙江科学技术出版社，2013.

六、教师自身的特点

教师应根据自己的特点选择合适的教学方法，尽量发挥出个人优势，做到扬长避短，例如，有些教师口语发音较正规，有利于学习者掌握正确的外语发音；有些教师善于分析和举例论证，可帮助学习者快速掌握语言知识；有些教师善于组织学习小组，有助于学习者掌握和理解所学的知识。但是，这些教学方法并不是十全十美的，也存在一定的缺陷。因此，教师应该从教学实际出发，多掌握几种教学方法，根据具体情况适当调整教学方法或将不同的教学方法组合在一起进行综合运用。

教师可充分发挥自己的主观能动性，用自己的聪明才智合理地设计和应用教学方法，并以此形成良好的教学策略。教师应结合教学情景和教学目标灵活应用教学策略，或者将多种教学方法协调地搭配在一起，发挥教师的创造才能对其进行合理应用。

第五章　新思维下外语教学方法在实践中的运用

外语教学方法包括情境设计教学法、交际教学法、任务教学法以及自主学习教学法等，本章主要对外语教学的方法进行详细介绍。

第一节　情境设计教学法

情景设计教学法是充分利用形象，创设典型场景，激起学生的学习情绪，把认知活动和情感活动结合起来的一种教学方式。

一、情景教学中情境的设计

伴随人们对学习过程、认知规律研究的深入，基于建构主义的学习理论强调教师为学生选择和设计良好的教学环境，为学生提供能够满足学习需求的资源，为学生营造良好的学习氛围。

良好的学习环境有助于学习活动的顺利实施，由于学习环境是学习资源和人际关系的组合，所以，学习环境具备一定的动态特点，在实施教学活动时，构成学习环境的各个部分也会随之产生变化。例如，当学习者遇到难以解决的问题时，教师可通过诊断来判断困难发生的原因，并及时调整自己的教学策略。学习环境和学习过程之间有着紧密的联系，如果想要把握教学环境的本质，就要将学习环境和学习过程融为一体，然后对两者进行规范的研究。

建构主义明确指出，语言学习与语言学习的情境密切相关，根据现实情境所提供的场景，学习者将自身已有的知识和经验与新学到的知识相关联，用已有的认知水平来理解新知识，假如以自己的认知能力无法理解新知识，那么，学习者的认知结构就会产生重组和改造，经过多次反复后，才能真正理解新知识，从而达到建构新知识的目的。建构主义注重学习情境的真实性，这里的真实性指的是学习任务不能脱离实际情境单独存在。

学校教育通常是将从实践中抽离出的知识或技能教给学生，但是大多数学习者在学习完这些知识或技能后，很快便将其忘掉了，还有些学习者将其储存在大脑深处，当遇到需要用这些知识来解决的问题时，很多人往往很难将其从记忆深处调出来，所以，建构主义指出，学校的教学模式最好根据自然情境来设计和建立，强调情境性学习、情境性认知，即需要以真实情境为基础实施学习活动，帮助学习者在自然环境中学习新知识、掌握新技能，并采用新方法解决现实中真正存在的问题。

二、提供情境教学中"支架"

当遇到比较难解决的问题时，教师可为学生提供一些解决问题的框架，引导学生将复杂的问题分解开来，让他们用自己已有的知识来解决问题，这种解决问题的思路是苏联心理学家维果斯基提出的，他认为在与人协同合作和交往的时候，人才能拥有个人意识，个人心理才能得到发展。外部活动是人类心理活动结构形成的主导因素，之后便逐渐转化为内部心理，维果斯基在这一思想的基础上提出确定儿童发展的两种水平："现有发展水平"和"最近发展区"。前者是指已实现的儿童发展周期的结果和由它形成的心理机能的发展水平；后者是指儿童正在形成和发展的过程，这一阶段的儿童还需要在教师的指导下完成任务，即问题的难度远远超出儿童的原有能力范围，但是通过教师的指导，儿童可获得一种全新的解决问题的能力，帮助其解决当前的新问题，从而消除原有能力和现有能力之间的差异。

"最近发展区"理论具有积极的意义，也就是说，学习者在某个学习阶段遇到困难时，可在教师的指导下克服困难，提升其解决问题的能力，使其进入一个全新的学习阶段。在解决问题的过程中，学生实际解决问题的能力与潜在解决问题的能力之间具有一定的差异，学生要想减少或消除两者之间的差异，就需要在教师的指导下认真学习。由此可见，良好的教育不仅能帮助学生尽快完成学习任务，还能使其获得更多解决问题的能力。

很明显，"最近发展区"理论认为知识是通过社会建构获得的，学习者可在与他人探讨问题的过程中获取更多知识和技能，并将自己已有的知识或经验表达出来供他人参考，同时，用自己的经验检验接收到的信息的准确度，或者对不正确的信息进行更正，建立一种全新的概念系统，并以此为基础建构属于自己的认知结构。

在设定好的情境下确定一个主题，引导学生针对主题内容进行自我探讨，这不仅能充分发挥学习者的认知能力，调动他们的学习积极性，还能促进学校开展合作学习和体验式学习。与此同时，教师在这个过程中起到了支架的作用，在教师的引导下学习者能快速理解和掌握与探讨内容有关的知识，成为促进学习者建构知识的重要方式。

总而言之，运用支架式教学策略，不仅能帮助教师快速完成教学任务，提升学习者的学习能力、表达能力以及协作能力，还能激发学生的学习兴趣，与此同时，还培养了学生在网络中寻找教学资源的能力，提升了学习者的自主学习能力和创造能力。

三、情境教学中的意义建构

建构主义的教学过程是创建与当前学习内容有密切联系的学习情境，采用直观、生动的形象激发学习者的想象力，调动其大脑中已储存的相关知识或经验，将新旧知识相关联，并调整原有知识，将新旧知识相互融合，共同构建大脑中的知识体系，以此提高学习者解决问题的能力，提升学习者参与学习的积极性。通过这一教学过程，学习者完成了三项学习任务：问题的理解、知识的应用和意义的构建。[1]

缺乏真实情境的课堂环境缺乏生动性和丰富性，难以发挥学习者的主观能动性，运用学习者的想象力调动大脑中储备的知识，对学习者构建语言输入的意义造成了一定的困难。

建构情境教学中的意义、方法和步骤具体如下。

1. 分析教学目标

建构主义明确指出，学习过程的主体是学习者，在设计学习活动的过程中，应紧紧围绕"意义建构"这一中心进行设计。不管学习者采用哪种学习方式，

---

[1] 郑道俊. 外语教学新方法探究[M]. 西安：陕西师范大学出版社，2006.

学习活动都要对新知识的意义构建产生有利影响,但是,每一个学习阶段所学的内容与每一节课所讲的内容都由不同的知识点组成,与此同时,不同知识点的特点和重要性也不一样,例如,部分知识点是一般性知识,这部分知识只要求学习者了解不需要掌握;部分知识点属于重点知识,这就要求学习者掌握这部分内容。很明显,要实现意义建构就需要先分析教学目标,再确定当前所学知识的基本内容,最后再引导学习者围绕这个主题进行意义建构。

2. 设计教学结构

建构主义非常重视设计适合学习者学习的情境,帮助学习者主动获取知识,也没有忽视对教学环境的设计,在建构主义基础上提出的教学理论,以学习者为中心,教师在其中起着引导作用。在所有的教学活动中,但凡有教师参与就会涉及教学结构设计的问题。教学结构设计是关于教师与学习者、学习者与学习者之间交互作用而形成的动态过程设计。即教师应在建构主义的学习理论和教学理论指导下,形成一个动态的、稳定的教学结构进程。

3. 信息技术的辅助作用设计

伴随多媒体技术、网络技术的发展,在教育学领域以这两种技术为核心的信息技术得到广泛应用,与学习内容有关的网络资源也越来越多。

信息技术的辅助作用设计是指应确定一定情境下的学习主题所需的信息资源的种类与每种信息资源在学习该主题过程中所起的作用。在这个过程中,假如学习者不明白信息的出处以及获取信息的手段、方法,更不知道该怎样应用这些资源,此时应充分发挥教师的指导作用,帮助学生解答疑难问题。

4. 设计自主学习策略

建构主义的核心是强调学习者主动构建知识的意义,而自主学习策略的设计是完成学习者意义建构的基础,因为强调学习者的主动性和积极性是自主学习策略的核心,将学习者认知主体的作用充分体现出来,鼓励学习者进行自主探索和自主发现。设计自主学习策略的目的是帮助学习者根据学习要求选择合适的学习方式,以便提高学习效率、获得良好的学习效果。此时,设计元认知策略就显得尤为重要。设计元认知策略的目的是培养学习者对学习过程的意识,

提升学习者的自主学习能力。元认知策略训练设计包括自我管理、自我评估和需求分析等内容。相关研究表明，学习者如果缺乏元认知策略意识，会影响其辨识和分析语言，以及整合语言信息和脑海中语言的图示知识，学习者也不能使用原有知识体系来控制其语言行为。所以，设计元认知策略可保证学习者在情景教学中完成意义建构。

5. 设计协作式学习活动

设计协作式学习活动的主要目的是为学习者提供多种解决问题的方案，帮助学习者加深对所学知识的理解，使其掌握与学习内容有关的知识，并学会运用所学的知识，实施协作式学习活动，不仅能充分发挥教师的主导作用，还能培养学习者的自主学习意识和合作精神。

6. 学习效果评价设计

评价是一个系统地、有组织地、有计划地收集与分析信息的过程，在学习过程中，对学习效果进行评价的目的是查找问题与不足，以便裨补阙漏，从而提升学习者的学习效果。实际上，评价学习效果是监控教师教学效果和学习者学习效果的一种重要举措。教师和学习者可根据评价结果来了解学习者对新知识的掌握程度，即评价的结果可作为调整教学策略和学习策略的参考依据，以达到提高学习者的学习成绩和学校的教学质量的目的。

四、情境教学中的评价

建构主义学习理论注重发挥学习者的主体意识，让学习者在构建的真实情境中进行自主学习或协作学习，以便发展学习者主动构建知识意义的能力。所以，情景教学重视对学习过程与学习者进步的评价。它在真实情境的基础上用个体知识建构和经验建构为标准，不局限于评价学习结果。

1. 评价学习者所取得的进步

建构主义理论重视对学习过程与学习者所取得进步的评价，应对学习者有意义学习经验的一部分进行评价，所以，评价不应该孤立存在，应将其融入正常的课堂教学中。

2. 重视基于真实语境的评价

建构主义理论认为，所谓学习就是在某种情境中，学习者利用原有的知识或经验为学到的新知识赋予某种意义的过程。所以，最好是在某种有意义的背景下进行情境教学评价，在真实的情境中评估和讨论学习结果。

3. 重视评价方式的多样化和评价主体的多元化

学习者认识事物时，一般都要以自身认知水平为基础，不同的人对同一事物或同一知识点的理解都不同，所以，人们可以采用多种不同的方式来评价学习过程和学习结果。从评价方法看，可将传统的标准参照评价法与现代的学习文件夹评价法相结合；从评价主体看，学生、专家、教师都可作为评价人员；从评价形式来看，应将表现性评价与发展性评价相结合。

4. 重视对学习者高层次学习目标的评价

建构主义理论注重知识的建构过程，包括学习者发现知识、调节和监控学习过程与学习结果、综合运用知识等智力活动过程。所以，情境下的学习评价重视知识的建构过程，强调评价学习者发现知识、调整认知策略、综合运用知识的能力。

5. 重视学习者参与学习过程与学习效果评价活动

为了凸显学习者的主体地位，要围绕学习者的课堂学习来评价学习过程和学习效果。课堂表现可从以下方面进行考察：参与课堂活动时是否积极；听教师讲课时是否认真；上课过程中注意力是否集中等。从评价的目标和内容看，评价活动主要包括：学习者对知识和技能的掌握程度、学习态度、学习兴趣、自主意识、学习方法的评价等。

6. 重视评价信息的及时反馈

为了保证学习者主动参与评价活动，应将评价活动带来的积极效果讲解给学生听，所以，及时反馈评价结果也具有重要的意义。在不同的评价阶段教师都应根据不同的内容分析、整理和阐述所获取的信息，然后根据实际情况和学生的性格特征，采用适当的形式把全部或其中一小部分信息及时反馈给学习者。

学习者可以参考评价结果对自身存在的不足之处加以改正，也可以在教师的指导下，调整自己的学习策略。

评价实际上是一种价值评价行为，因此，它需要设置一定的标准。情境教学通常采用定性描述和等级评价量表进行评价。

课堂词汇学习过程与学习效果自我评价核查表如表5-1所示。前面14个问题是让学习者选择与自己的学习行为相对应的数字，数字1、2、3、4、5分别表示：与实际情况完全不符、与实际情况基本不符、不能准确判断、与实际情况基本相符、与实际情况完全相符。后面三个问题具有开放性特征，要求学习者按照自身情况进行详细回答。

表5-1　自我评价核查表

（1）我已经基本掌握本课的词汇	1　2　3　4　5
（2）我可以灵活应用所学的词汇	1　2　3　4　5
（3）我掌握了本课中的同义词	1　2　3　4　5
（4）我掌握了本课中的形似词	1　2　3　4　5
（5）我可以按照话题记忆单词	1　2　3　4　5
（6）我可以运用派生的方式记忆单词	1　2　3　4　5
（7）我可以积极参加有关词汇的小组探讨	1　2　3　4　5
（8）我在积极参加有关词汇的小组讨论时经常提出有创新性的意见	1　2　3　4　5
（9）我能够认真听教师讲解课文	1　2　3　4　5
（10）我能够认真听其他学习者在讨论中发表意见	1　2　3　4　5
（11）我能够提出其他学习者单词发音不正确之处	1　2　3　4　5
（12）我的单词听写效果很好	1　2　3　4　5
（13）我能够写出与外语词汇有关的句子和文章	1　2　3　4　5
（14）我满意自己在词汇学习者中的表现	1　2　3　4　5
（15）这一节课我尚未完成的学习目标有：_____	
（16）这一节课我认为自己做得好的地方有：_____	
（17）这一节课我认为自己做得不够好的地方有：_____	

学习者签名：_____

为了确保有效实施学习过程和学习效果的评价，学习者也可作为评价标准的制定者，例如，采用问卷调查的形式与学习者探讨评价标准的制定，提升学习者参与评价活动的意识，凸显学习者的主体地位，激发学习者参与评价活动的兴趣，还可以采用表格的形式来了解学习者对作文修改的要求，表 5-2 所示为作文评分调查问卷表。

表 5-2　作文评分调查问卷表

你认为教师在修改作文时哪些条件比较重要？如果作文总分为 20 分，那么你认为下列内容各应占多少分？
a. 书写是否优美、工整
b. 作文主旨思想的组织
c. 作文内容的趣味性或相关性
d. 承接词的使用，即文章内容的承接方式
e. 表达的准确程度：发生语言错误的次数和错误种类
f. 词汇运用的丰富程度
g. 句式运用的灵活程度
h. 其他方面

第二节　交际教学法

交际教学法是以社会语言学理论、心理语言学理论为基础，以交际功能为大纲，以交际能力培养为目标的教学法体系。社会语言学认为，社会交际能力是语言的基本功能。

一、功能与语言的展示

语言的结构可用来反映其实际功能和交际用途，学习语言规则的主要目的是在合适的场合中运用得体的语言来表达内心的想法。

学习者通常对自己所学的目标语知识掌握得不够熟练，或者不太了解使用本族语言的社会文化交际规则，因此，在任何场合都会采用一些非常正式的表达方式，甚至还会创造出一些不合乎规范的句子。

由此可见，掌握一种语言不仅需要掌握这种语言的形式，还要明白在哪种场合使用这种语言形式。学习者不仅要学会创造出合乎语法规则的句子，还要学会恰当地运用语言。卡纳尔（Canale）和斯温（Swain）认为交际能力由四部分组成，即语言能力、社会语言能力、语篇能力、策略能力，如图 5-1 所示。

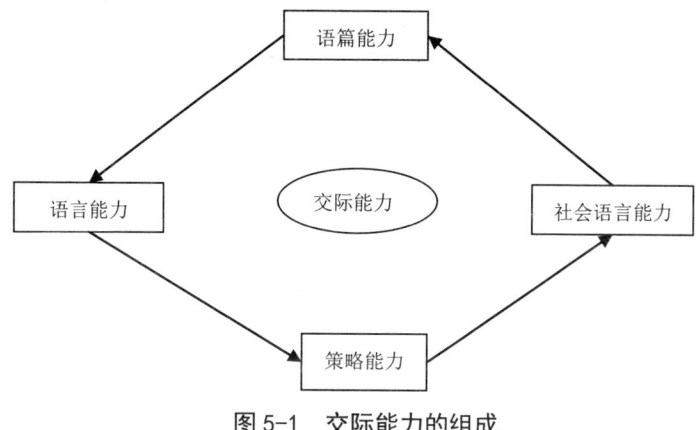

```
        语篇能力
   ↗            ↖
语言能力  交际能力  社会语言能力
   ↘            ↗
        策略能力
```

图 5-1　交际能力的组成

（1）语言能力。学习者必须掌握词汇、句法等知识，以便更好地表达内心的想法。

（2）社会语言能力。了解与所学语言有关的社会文化知识，有利于学习者在交际过程中运用恰当的语言或非语言交际手段达到交际目的等。

（3）语篇能力。交际者在人际交往过程中应具备感知和处理语篇的能力，以便解析所听到或读到的语句或语篇，形成意义表征。

（4）策略能力。当学习者的语言能力、社会语言能力和语篇章能力不足时，可用策略能力进行补充。

与心理语言学有关的理论也适用于交际教学法，交际教学法认为语言交际过程包括两个方面：一是意念；二是功能。功能和意念紧密相连，两者共同构成了功能表达的整体。交际情境、人际关系、社会地位、性别差异等因素，不仅影响着人际交往过程，也影响着交际者对交际语言的选择。

在选择词汇时，注意正式文体使用正式用语，非正式文体使用非正式用语，这两种不同语体已形成了固定的使用形式。一些正式用语和非正式用语如表 5-3 所示。

表 5-3　一些正式用语和非正式用语

非正式	正式	非正式	正式
leave	depart	job	position
scared	apprehensive	fire	dismiss
blow up	explode	tired	fatigued
quit	resign	flunk	fail
cut down	reduce		

交际者可根据交际语境的变化选择合适的词汇和句法来表现正式、非正式语体，利用语音语调的表意功能，辅以有效的非语言交际手段，实现成功交际。上述这些要素，如交际情境、语法词汇、语音语调、语音交际手段等，是交际的保证，也是交际教学法中展示语言和功能的要点。

二、交际活动的设计

培养交际能力对于学习者来说至关重要，在课堂上设计交际活动，主要目的是培养学生的交际能力。课堂交际活动设计包括两种类型：一是功能交际活动；二是社会交往活动。这两种活动类型有较强的操作性，对于学习者使用所学语言参与交际活动具有重要指导意义。在设计交际活动的过程中，应注意以下几项。

1. 提升学习者的功能交际活动能力

在课堂环境下设计的交际活动，应突出表现语言功能特点。设计这类活动的目的是鼓励学习者依靠原有的知识体系进行有效的交际。具有功能交际特征的活动，主要包括以下几种类型。

（1）猜词活动

掌握和运用句子是培养交际能力的前提条件。首先，在教师的要求下，某两位学习者站到了黑板前，一个学习者面对教室内的所有人，另一个学习者面对黑板站立，并将学习者刚学到的单词写到黑板上，然后，全班同学用外语解释黑板上的单词，让站在讲台上的那位同学面对大家猜测单词的意思说出单词的拼法，这个学习过程锻炼了学习者的口语能力。

（2）描述活动

促使学习者以段落的形式运用和理解目标语，是描述活动的主要目的。例如，教师可要求描述自己所在的城市、学校、校中的好朋友，或者是描述曾经发生在自己身上的有趣的故事等。

（3）简短对话

交际能力的发展主要取决于学习者进行简短对话、互通情感的能力，如聊聊最近发生的事情、天气状况、度假状况、身体状况、工作进度等话题。这些简单的对话看上去似乎是没有特别的意义，但是这些对话在创造和谐氛围方面具有重要的影响。所以，学习者应掌握和运用简短对话进行人际沟通，这是学习外语的一种重要形式和技巧。

2. 提升学习者的交际能力

教师所设计的交际活动，需要具有一定的实用功能和社会功能。由于课堂教学有一定的局限性，模仿和角色扮演是创建多样化语境、反映多样化社会关系的重要技巧。语言表达功能的有效性以及所选择语言形式的得体性和可接受程度都是衡量交际是否成功的标准，即课堂交际活动与现实中的社会交往活动具有一定的相似性，语言不仅具有一定的功能，还属于一种社会行为方式。这类社会交往活动可以发生在学习者熟悉的场景或事件中，例如，邀请朋友到家做客、在学校里与同学交流等；也可以是学习者不熟悉但是将来会发生的事情，如预约出去玩、预订饭店、订客房等。所以，交际活动的设计可从简单事件过渡到较复杂的事件。概括来说，活动设计主要包含以下几种。

（1）根据对话提示完成角色扮演

教师应将与学习内容有关的提示性内容写在卡片上，然后分发给学习者。以便模仿现实交际过程中的不确定性和自发性特点。学习者必须认真倾听另一位交际者的话语，这样才能理解他人的意思，然后整理语言信息回应对方。

当然，学习者还可根据所得的提示信息，预测另外一位交际者想要表达什么意思，并根据所预测的信息整理自己的语言，表达出自己的内心想法，这便减小了学习者采用现有语言水平与人交际的困难程度。

（2）借助提示信息完成角色扮演

当作为交际者的学生得到详细的信息提示，而另外一位，得到的信息只能满足回答问题的需要时，就能建立一个非常灵活的交流框架。学习者 A 的信息卡片可用来确定交际活动的主要结构，两位语言水平不同的学习者适合在这样的条件下学习，语言水平高的学习者可以引导语言水平低的学习者，他们控制着活动的过程。

（3）借助交际情境和交际目标完成角色扮演

即便学习者的语言水平得到很大程度的提升，教师依然可以提供一些信息，只是弱化了教师对学习者的思想控制。以更高层次的交际情境和交际目标展开交际活动，是进行这种类型的交际活动的主要目的。

交际活动刚开始时，学习者只能了解到交际活动的举办目的，随着交际活动的进一步发展，学习者需要通过协商来回答另一位交际者提出的问题。但是，学习者需要对交流信息达成共识，为交际活动提供必要的交流动力，避免交流中出现不确定因素影响交际活动的顺利进行。

3. 社会交往活动能力的延伸

社会戏剧和策略式交往是社会交往活动得以延伸的重要方式，教师可通过这两种方式来指导学习者建立良好的语言学习情境。对于学习者来说，这不仅能使他们快速掌握词汇、语言和语篇知识，还能提升他们的交际能力。

（1）社会戏剧

社会戏剧注重对学习者社会交往能力的提升，活动进展过程如下。

①准备活动。教师将社会交往活动的主要内容展示给学习者。

②展示新词汇。教师将活动中要学习的词汇、短语或语篇展示给学习者。

③展示要解决的问题。教师将活动的背景知识讲给学生听，并以讲故事的形式呈现出来，教师讲到关键的地方时，戛然而止，以此来吸引学习者的注意力。

④确定学习者所扮演的角色，讨论故事发生的语境。学习者要深入分析自己所扮演的角色，研究故事中需要解决的问题，扮演相应角色的学习者可将解决问题的方法讲给其他学习者，学习者之间相互交流意见或建议，有助于顺利完成学习任务。

⑤指定观众。教师可为没有参与角色扮演的学生安排一些任务，让他们也

参与到交往活动中，例如，安排他们认真观看表演，等到表演结束后，提出表演过程中出现的问题，并发表自己的看法等。

⑥表演。学习者根据角色的需要，认真完成表演任务。

⑦新一轮的角色扮演。认真探讨新一轮的表演情节，并谈论表演过程中出现的问题，提出解决问题的方案。

⑧重新表演。先解决表演活动中出现的问题，然后重新进行表演。

⑨总结。教师指导学习者对表演活动进行总结。

⑩后续活动。表演活动结束后，学习者还要做书面作业，进行听力练习或阅读练习等。

（2）策略式交往

策略式交往是即兴的，学习者应先对扮演的情境和角色有一个大概的了解，随后按照故事的情节进行即兴表演。教师可根据故事情节的发展过程，随机安排一些新内容，并要求表演者更换表演角色、改变交往方向等。与社会戏剧法相同，策略式交往活动注重提升学习者对目标语的应用能力。

与此同时，在设计策略式交往活动的互动环节时，应将视觉活动和听力活动结合在一起，这与现实交际的活动的特点相符。详细情况如下。

①听力活动

教师可将一个完整的故事分成若干小节录音，然后将学习者分成不同的小组来录音，每个小组听完以后，都要完成教师发给他们的理解题，学习者可以相互协商共同完成信息沟通活动。学习者在协商故事情节时，可对其他小组的成员进行提问，并解答其他小组提出的问题，从而提升学习者的口语能力。另外，教师可将与外语学习有关的资料、新闻等讲给学习者听，教师所讲的内容要与学习者的外语水平相符，使学生能够听得懂所讲的内容。教师也可以引导学习者听录音或观看视频，通过模仿来提升口语能力。

②视觉活动

开展视觉活动需要借助电影、录像或幻灯片等多媒体，这对于激发学习者的学习兴趣具有非常重要的意义。除此之外，学习者还可以通过多媒体教学设备来增加接触真实语料信息的机会，减少了学习过程中的枯燥乏味，增加了学习过程的趣味性。

学习者注意到现实交际中的语言与非语言特征,并将其与对话表演、角色扮演相融合,进一步增加了其社会交往能力。实际上,视觉材料可引发交往活动,例如,许多学习者共同观看某部电影,在观看过程中,他们会根据剧情的发展展开讨论或发表自己的见解等,他们可以借助这样的活动,自然地掌握社会交往活动中的语言与非语言特征。

③课外学习活动设计

学习者可在课外学习活动中,不断补充或巩固课堂上所学的知识,参加课外学习活动的方式,如参加外语角活动、观看外语电影、收听外语广播、书写外语电子邮件、阅读外语书籍等。另外,学习者也可以通过其他渠道学习外语,例如,通过网络视频学习外语、与身边的外国人多交流等,这样做的目的是增加学习者练习外语的机会。在这种情况下,教师应指导和促进学习者参加课外活动,将自己认为比较好的、适合学习者在课外学习外语的书籍或电影推荐给学习者。需要注意的是,教师最好不要过多干涉学习者的课外学习活动,以避免降低学习者的学习积极性。

④交际课堂环境下的角色认识

角色指的是学习者及教师各自所起的作用,以及交际活动中参与者之间的社会人际关系。为了提升学习者的交际能力,即便学习者没有全面掌握所学的语言,学习者仍旧要在教师的指导下,在不同的环境中用所学的外语进行各种意义的协商活动。

所以,学习者在外语课堂学习中,应具备很强的自主性、创造性以及适应性,其中,自主能力属于最重要的一个环节。教师主要起着交际过程的促进者、参与者、监控者的作用。也就是说,良好的交际活动合作关系不仅在于学习者之间,还在于学习者和教师之间。

⑤交际课堂环境下学习者的心理因素

在交际课堂环境中,学习者对所处的环境保持正面的积极态度是提高学习者学习兴趣、保持学习者学习动机的重要条件,从而避免了学习者在学习过程中产生焦虑情绪。所以,在交际课堂环境下,教师需要尊重学习者,使其不缺

乏安全感。

学习者与教师、学习者与学习者之间的融洽关系是产生轻松课堂气氛的前提条件，融洽的人际关系和良好的学习环境可促进学习者的交际能力，还可提高学习者的学习成绩。

三、交际能力的评价

交际教学法主要用来培养学习者的交际能力，在交际课堂上使用交际法进行教学，要求学习者发挥主观能动性，创造性地使用语言。对语言形式使用的评价主要有以下几点。

1. 评价交际活动中学习者对文化背景知识的掌握

对于学习者来说，掌握所学语言的文化背景知识，可提升他们的语言交际能力，还可帮助学习者在不同的场合恰当地运用语言。一种语言表达得是否恰当，是由该语言的所学外语的社会文化习俗决定的，学习者应牢牢掌握语言的使用规则，这有助于提升学习者的语言交际能力。

在考察和评价学习者对文化背景知识的掌握时，可在交际场景中增加一些错误的文化背景知识，如果学习者明显地感觉到错误，就让学习者针对错误的部分进行修改；如果学习者没有意识到哪里有错，就需要教师加以指点，为学习者提供一些启发性的知识，并组织课堂讨论，引导学习者了解和掌握所学语言的文化背景知识与社会交往技巧。设计这类评价活动的目的是帮助学习者加深对所学背景知识的了解，同时，帮助学习者巩固母语文化知识，使学习者对外语知识的掌握与母语知识的掌握达到一种平衡状态，这能较大程度地增强学习者的文化意识。

2. 评价交际活动中学习者对固定知识的掌握

无论是哪一种语言，都包含有大量固定的语言形式和用法。尽管受到固定用法限制的句子在形式上完全符合语法，但是，本族语言从不伸用这样的表达方式，所以视这样的语句为不合规范的语句。

假如外语学习者并不了解这一点，尽管输出的语句符合语法规范，但是与这一语言的固定用法相违背，那么，将其运用在实际交往过程中，就会陷入非常尴尬的局面。交际语篇中的词汇和语法结构都受学习者对所学语言固定用法掌握程度的影响，如果在教学过程中出现这种情况，教师应把这方面的知识向学生解释清楚。

外语本族语者掌握了许多类似的表达方式，这些表达方式与特定的交际场景和特定类型的社会交际相联系。运用固定的语言表达方式，对学习者形成地道的语言表达方式具有重要的影响，与此同时，掌握类似的固定表达方式，有助于学习者交际策略的发展，补充其所学语言知识体系中的不足。

3. 评价交际活动中学习者运用所学语言的得体性

评价外语教学效果时，不仅要评价学习者对所学语言的固定知识的掌握情况，还要评价学习者能否在恰当的场合得体地运用所学语言。具体来说，交际者之间的关系以及交际活动发生的语境，对交际双方所采用的语言形式具有重要影响。学习者的交际能力还包括学习者对学习任务、交际语境、参与者的角色等方面的理解。

与此同时，交际话题的选择也对所学语言文化背景知识的得体性具有一定的影响，在某种文化中被视为可公开讨论的话题，在另一种文化中则可能被视为涉及个人隐私的话题。

实际上，外语学习中文化背景、固定知识、语言得体性这三方面是相互联系、不可分割的，学习者掌握这三方面的知识，有助于提高他们的文化得体意识，这些都是交际能力的重要组成部分。

第三节 任务教学法

任务教学法是一种以具体的学习任务或动机，以完成任务的学习过程为学习过程，以展示任务成果的方式来体现教学效果的教学方式。任务教学法的特点主要包括以下三方面。

第一，任务教学法强调学习过程，主要通过引导学习者积极参与学习过程

并完成学习任务来提升学生的外语运用能力。

第二，任务教学法不仅要提升学习者的交际能力，还要提高他们对所学语言的综合运用能力。

第三，任务教学法认为，在提升学习者语言运用能力的同时，还要重视语言知识教学。

所以，任务教学法的核心理念是：语言是用来表达思想、交流情感、解决问题的工具，只一味地依靠机械训练，很难达到训练语言的目的，学习者需要在语言使用过程中学习语言，这样才能获得良好的效果。语言学习的目的不仅是要掌握语言知识或语言技能，还要使用所学语言来解决实际问题。

目前，我国外语教学主要是在课堂上进行，教学时间并不长，且师生比例严重失衡，对于刚接触外语学习的学习者来说，比较适合他们的课堂教学程序是任务的设计、准备、呈现、评价这四个阶段。

一、任务的设计

任务的设计与任务教学模式中的各个环节都有关系。在目前外语教学环节中，课堂学习任务的设计应遵循以下几个原则。

（一）语言、情境真实性原则

语言、情境真实性原则是任务教学法的核心。在语言、情境都真实的情况下使用语言，才能为学习者掌握语言提供真正的"支架"，从而激发学习者的学习积极性。因此，教师在设计学习任务时，要注意创设一种真实的语言学习语境，设计一种真实的语言应用情境。

（二）语言形式、意义、交际功能与学习任务相结合的原则

任务教学法认为，教学活动的设计应对学习者语言知识的发展有利，需要提升学习者的语言技能和语言的应用能力。因此，虽然任务教学法的目的并不是训练语言结构，但是，从目前我国的外语学习环境的特点来看，应将语言的形式、任务和语言的功能融为一体。在完成学习任务的过程中，学习者对语言知识的用法、意义和功能都有了进一步了解，这不仅有利于他们掌握语言知识，

还有利于提升他们的语言应用能力。

(三) 任务梯度原则

任务教学法认为，任务的设计需要遵循任务梯度原则。安排具体的学习任务时，应遵循由易到难、由简到繁、从低到高的原则，从最简单的任务开始，逐渐提升任务的难度。

(四) 兴趣原则

任务教学法的重要原则之一是提高学习者参与学习任务的兴趣，兴趣是驱动人们前进的动力，也就是说，学习兴趣可以转化为学习动机，学习动机的强弱与学习活动的强度成正相关，只有将参与学习任务的兴趣转化为学习动机，才能切实地提高学习者的参与度。与此同时，在参与学习任务的时候，学习者的参与动机越强，其参与兴趣也就越强，所以，在设计教学任务的过程中，要将学习者的学习兴趣放在首位。不然的话，学习者就无法内化所学的语言知识，教学中的其他任务也就无法顺利完成。

(五) 合作学习原则

任务教学法鼓励学习者采用相互合作的方式进行学习，每一个学习者都具有同等的学习机会，在完成各自任务的过程中讨论问题并做出相应的回答，互相分享个人想法、经验和知识等，增加了获取知识的途径，与此同时，学习者对知识的理解和认识也会得到进一步深化，提升了学习者的自主学习能力。而且，合作学习意识创设了一种积极探索、轻松学习的情境，激发了学习者的学习兴趣，提升了学习者的学习主动性，这对于学习者形成良好的个性具有积极的影响。

(六) 师生和谐共创原则

任务教学法注重在教师与学习者之间建立一种融洽与平等的关系。在完成任务的过程中，教师不仅能为学习者提供知识，成为知识的分享者，还可以作为一名组织者，组织学习者进行学习。教师在教学过程中不仅要发挥引导作用，还需要根据学习者的具体表现做出相应的评价，帮助学生深入理解与把握相关

知识，虽然教师在教学中具有一定的权威性，但并不能以绝对权威自居，教师要与学生建立良好的师生关系，采用鼓励和信任的教育手段来帮助学习者学习外语，激发学习者的学习动机和学习兴趣，这是教师和学习者建立融洽关系的基本条件。

（七）创新意识培养原则

教师要为学习者提供一定的时间和空间，让学生发挥主观能动性，帮助学习者形成创新的意识，培养学习者独立思考的能力。即教师在发挥引导作用的同时，还要为学习者留出自主学习的空间，不强行压制学习者表现出的个性，允许他们在学习过程中提出自己的想法，鼓励他们针对同一个问题，提出多种不同的解决方案或者提出与他人完全不同的解决方法等，以培养学习者的发散性思维为基础，进而逐步提升学习者的创新意识和创新能力。

（八）反思性原则

任务教学的教学任务还包括培养学习者的反思能力，教学设计中要为学习者提供反思的机会，也就是让学习者反思自己所学的内容与学习效果，根据自己的表现找出最适合自己的学习方式，同时，对学习的过程加以重视。对于学习者来说，这是培养其自主学习能力的一种重要途径。从另一方面来说，尽管学习者自主学习能力并不一定要依靠某种特定的教学方法来培养，但是，任务教学法却非常重视培养学习者的反思能力。

二、任务的准备

任务准备阶段主要是指学习者为学习某种知识，提前为完成学习任务做好充分的准备，这一阶段被称为任务前阶段，它也属于一种重要的语言教学活动，任务的准备主要包括以下两个方面。

（1）学习主体需要获取、处理或表达的学习内容；

（2）学习主体在获取、处理或表达学习内容时，应具备的语言知识和技能。

在学习者完成任务所需的知识有一定的难度的情况下，或者学习者暂时还没有适应教师所采用的教学方法的情况下，学习者尤其要做好学习前的准备。

当教师向学习者展示完成学习任务所需的语言输入时,需要注意下面几个问题。

(1)针对具体的学习任务,构建一个良好的学习环境;

(2)认证理解与学习任务有关的概念知识,并掌握与学习任务有关的词汇;

(3)认真安排与学习任务有关的活动次序;

(4)寻找各种不同的途径来获取相关知识。

在任务教学中,任务准备阶段要注意两个问题,第一要注意语言输入的真实性,第二要注意任务的难易程度。在教学过程中,教学材料不仅要有自然交际环境下的真实性特征,还要具有在课程标准的指导下,仿制自然交际真实性的特点,共同构成外语课堂环境下的语言输入。

将语言输入划分为真实性和非真实性两种学习材料,是一种简单化的形式,实际上,从真实学习材料到非真实学习材料之间是连续的,其中分别包括如下内容。

(1)真实的学习材料

这样的学习材料是为了在现实中使用,因为受到某种原因的限制,所以将其用在语言教学中。

(2)学习材料的变化

真实交际材料的意义没有任何变化,学习材料的原有形式发生了变化。

(3)学习材料的简化

这样的学习材料虽然是为了在现实中使用,但其中的单词和句法结构都得到了简化。

(4)学习材料的仿真实性

虽然是为了语言教学目的选择编写的材料,但是为了凸显其真实性,而刻意采用真实语篇的特点。

(5)不真实学习材料

这样的学习材料不具有真实性,仅仅是为了教学而设计的。

任务的难度受到三种因素的影响:第一,受学习内容的影响;第二,受生活类型的影响;第三,受学习者个人因素的影响。

综合以上三种因素,总结出任务难度表,如表5-4所示。

表 5-4 任务难度表

更容易些 ─────────────────────────────────→ 更困难些	
输入因素	
简短、信息量少 呈现清楚 语境提示丰富 熟悉的日常内容	篇幅长、信息量大 呈现不清楚 语境提示较少 不熟悉的内容
任务因素	
认知加工难度小 步骤较少 语境信息丰富 获得大量辅助信息 不要求语法的准确性 具有充分的完成时间	认知加工难度大 步骤较多 缺乏语境信息 缺乏辅助信息 要求语法的准确性 完成时间不足
学习者因素	
对任务完成充满信心 完成任务的动机强烈 具备必要的学习经验 学习与教学进度一致 具备必要的语言技能 具备相关文化知识	缺乏信心 缺乏动机 缺乏学习经验 学习跟不上教学进度 缺乏必要的语言技能 缺乏相关文化知识

三、任务的呈现

任务呈现指的是在学习新语言之前，教师向学习者展示需要运用所学语言完成的任务，也就是人们常说的任务介绍。向学习者展示学习任务的目的，主要包括以下两个方面。

第一，引导学习者进入学习情境。任务教学强调，在任务呈现阶段，应将学习者引入学习情境中，以唤起学习者大脑中深藏的相关知识，以此减轻学习者在执行任务过程中的压力，进而提高语言学习效率和学习质量。

第二，帮助学习者快速理解任务要求。任务教学认为，教师需要帮助学习者在任务呈现阶段快速理解任务要求，尤其要对任务要达到的结果有深刻的认识。假如学习者并没有完全理解学习任务的要求以及最终要达到的结果，后面的任务就很难进行。

在中等外语水平任务准备阶段，可采用具有真实性特点的教学活动。

1. 图式构建活动

向学习者展示初级阶段要完成的学习任务，就是图式构建活动。设计这种教学活动的目的是向学习者介绍学习任务的主体、确定任务发生的情境、展示完成任务所需要的词语或短语等。例如，教师给学习者提供一张报纸，报纸上刊登着各种不同的租房信息，信息内容包括房屋的面积、房屋的样式、屋内的设施等。随后给学习者提供一些照片，照片有单人照、家庭照和双人照，从照片能看出这些人的年龄、性别、职业等特征，最后要求学习者根据照片上显示的信息，给不同的人找到合适的房子。与此同时，教师还要将完成任务所需要的关键词提供给学习者。

2. 控制练习

进行这项练习对于学习者掌握完成任务所需要的词汇和句法等具有很大帮助。例如，学习者首先观看录音或录像中的简单对话，再分成不同的小组进行练习，同时按照提示信息进行对话，以此实现训练外语口语的目的。实际上，这项训练是在图示构建活动的基础上进行的，两者都具有"支架"的作用。从表面来看，控制练习与听说教学法中的练习没有很大差别，但是，两者却有着本质上的区别。任务教学法中的控制练习在交际框架内得以实现，在训练接近尾声时，学习者可掌握一定的外语交际能力。

3. 听力练习

随后便是听力训练，以租房任务为例，听力录音中包含多位租房者询问租房信息的对话，学习者听完录音之后，将对话内容与图式构建活动中的信息相关联。实际上，听力训练的主要目的是帮助学习者巩固之前所学的知识和技能。

4. 练习活动更加自由

在上述任务完成以后，学习者可以更加自由地展开学习活动。例如，在租房的角色扮演中，第一位学习者扮演有租房需求的客人，第二位学习者扮演在租房公司上班的工作人员，第一位学习者向第二位学习者介绍自己，并说出了自己前来的目的以及自己对房子的要求，第二位学习者根据自己所掌握的房源信息，向第一位学习者介绍与其要求相符的房子，以此满足他的租房需求，在此过程中，两位学习者运用所学语言进行即兴表演，充分发挥其主观能动性，使交际与现实更加接近。

5. 教学任务的导入

这一阶段属于任务呈现的最后阶段，在这个阶段内学习者分为不同的小组，并通过研究和协商找出最佳的出租房。很明显，上述的学习步骤具有循序渐进的特点，学习者的知识和技能经历了一个逐步提高的过程，学习动机也逐渐增强，为任务的展开铺垫了坚实的基础。

四、任务的评价

任务评价阶段的作用是帮助学习者重新审视任务完成的过程，尤其是观察学习者在完成任务的过程中，所使用的语言是否正确、得体，说出的外语是否流利等。例如，教师设计相应的学习任务，引导学习者反思学习过程中出现的问题，从而达到掌握正确语言形式的目的。

收集评价数据的方式有很多种，例如标准参照测试、角色扮演、讨论活动；学习文件夹、问卷调查、教学日志、学习日志等，这些全部都能用来收集相关数据。

这里需要明确的是，利用学习文件夹收集评价数据具有其独特的特点：第一，个仅能收集书面语言数据，还可以收集口语数据；第二，可同时使用上述的数据收集方式。所以，学习文件夹需要教师和学习者共同完成，收集的样本都要经过精挑细选，目的是将学习者的成长和进步体现出来，这能够提高学习者的语言意识、交际能力与自主学习能力。学习文件夹所包含的内容如下所述。

1. 目的介绍

在学习活动的开始阶段，教师和学习者都要先了解创设学习文件夹的主要目的,也就是要求学习者在不受时间限制的前提下,依据不同的信息资源和学习者之间的相互协作,完成质量较高的学习任务。在展示外语能力的过程中,为学习者提供评价学习过程或学习结果的依据。

2. 学习文件夹的内容与形式

在学习文件夹的创建目的明确以后,教师与学习者可以共同协商文件夹的内容,学习文件夹的内容主要包括:学习者的书面语数据和学习者的口语数据。

形式不受任何限制,可以有各种各样不同的形式,例如,图片、表格、日志、实物、论文、调查报告等。教师鼓励学习者用各种不同的形式展示自己的成绩,这不仅能够激发学习者的学习兴趣,还能提高学习者的学习积极性。

3. 学习者的成长例证

学习文件夹可将学习者的个人特点展示出来,这有利于培养他们的自主意识,同时,学习者可通过与他人之间的交流与合作来提高交际能力。所以,学习文件夹可作为记录学习者成长的生动例证。

4. 学习者进行反思性学习的例证

学习者可借助学习文件夹所显示的内容来反思自己的学习过程,发现自身的优点,并找出自身的不足之处,培养一种自我监督能力,理解所学外语的文化内涵,领略其中蕴含的文化价值。所以,创建学习文件夹的主要目的是促进学习者进行反思性学习。

很明显,学习文件夹可用来反映学习者的成长和进步,它具有连接课程实施与课程评价的重要作用。

有一部分评价对学习者在任务实施过程中的表现非常重视,表5-5主要用于教师评价学习者在完成任务过程中其在小组活动中的表现。

从目前来看,自我评价手段已被人们广泛应用于教学评价中,这种评价手段对于培养学习者的自我意识非常有利,除此之外,它还有利于引导学习者重视学习过程,并将学习者的注意力吸引到关注学习结果上。表5-6所示为写作任务自我评价表,设计这张评价表有助于学习者对写作任务完成情况做

自我评价。

表 5-5　小组活动评价表

说明：参照学习者参与小组对话任务的实际情况，请标出相对应的数字。	
提示：1 表示相当出色；2 表示中等以上；3 表示中等；4 表示中等以下；5 表示不太满意	
学习者参与讨论	1　2　3　4　5
学习者运用恰当的非语言表达方式	1　2　3　4　5
学习者的发言与学习任务相关	1　2　3　4　5
学习者进行了意义协商	1　2　3　4　5
学习者使用现实中的信息进行交际活动	1　2　3　4　5
学习者发表个人意见	1　2　3　4　5
学习者引导其他学习者参与对话活动	1　2　3　4　5
学习者以恰当的方式表示赞同或反对态度	1　2　3　4　5
学习者以恰当的方式变换讨论的话题	1　2　3　4　5

例如，表 5-6 可用于学习者对自己的写作任务完成情况进行自我评价。

表 5-6　写作任务自我评价表

说明：请对照下列标准，自我评价自己在写作任务完成过程是否取得进步。		
提示：1 表示非常符合；2 表示符合；3 表示不确定；4 表示不符合；5 表示完全不符合		
评价标准	初稿	终稿
第一段明确地点出文章主题	1/2/3/4/5	1/2/3/4/5
第一段富有趣味	1/2/3/4/5	1/2/3/4/5
全文例证恰当	1/2/3/4/5	1/2/3/4/5
全文段落结构过渡自然	1/2/3/4/5	1/2/3/4/5
全文段落内容衔接紧密	1/2/3/4/5	1/2/3/4/5
结尾部分进行展望，并提出建议	1/2/3/4/5	1/2/3/4/5
文中无语法、拼写、标点错误	1/2/3/4/5	1/2/3/4/5

第四节　自主学习教学法

教师在教学活动中主要起着指导学习者学习的作用，学习者在教学活动中主要是在教师的引导下认真学习知识，并掌握相关技能，同时，使个人能力与

个人身心得到一定的发展,并具备良好的思想品德。教学不仅是一个教授知识的过程,更是一个能使学习者不断进步,并得到全面发展的过程。

一、自主学习教学模式

所谓自主学习教学模式等同于自主学习模式,课堂教学活动的设计理念能反映出学习活动的理念。自主学习教学模式体现的就是以学习者为主体的学习模式,强调为学习者提供自主学习环境,有意识地引导学习者完成学习任务,培养学习者自主学习意识,使其成为一名优秀的自主学习者。从语言学角度来分析,自主学习的特征主要包括以下几方面。

(1)能够进行自主学习,会管理自己的学习行为;

(2)根据具体的学习情况,明确自己的学习目标;

(3)制订学习计划,并根据具体情况做出相应的调整;

(4)选择最适合自己的学习方式;

(5)及时制订学习计划,并监督计划的实施状况;

(6)掌握所学的语言技能,并自觉应用语言技能。

自主学习发源于 20 世纪 60 年代,自主学习可提升学习者的学习技能,培养学习者独立思考的能力。伴随终身学习理念的推广,自主学习能力的培养也称为外语教育的理想目标。

国内众多专家学者是在 20 世纪 80 年代初,增加了对自主学习能力培养这一问题的关注程度,所谓自主学习能力就是学习者进行自我管理的能力,培养学习者的自主学习能力实际上也是培养他们的元认知能力。在进行自主学习的过程中,学习者对自身行为的管理、监控和评价都是元认知策略的应用。根据元认知策略与自主学习能力的关系,专家学者们先从培养学习者的学习策略着手,再逐渐培养学习者的自主学习能力。[①]

相关研究表明,训练学习策略可优化学习方法、激发学习者的学习动机、提高学习者的元认知水平与自我监控能力,另外,对发展学习者的语言水平具

---

① 张干周. 科技外语应用文本翻译理论探讨、问题分析、翻译方法及教学 [M]. 北京:北京交通大学出版社,2018.

有积极意义。

自主学习教学模式，就是根据学习者的学习情况，创建支持性的学习情境，使学习者之间形成良好的协作关系，让学生学会自我管理，并根据自己的表现进行自我评价，逐渐养成自主学习的习惯。所以，创建和谐、互助、自主学习的环境是自主学习教学模式的核心部分，为了创设自主学习环境，教师应充分发挥自己的引导作用，与此同时，教师在教学设计过程中要考虑以下几个方面内容。

1. 以学习者为中心，发挥教师的主导作用

学生在进行自主学习时，应积极参与课堂活动，在学习过程中进行自我监控和自我管理，并及时进行自我评价。学习者在学习过程中，拥有大量的自由空间来选择开展学习活动的方式、时间，以及自身所扮演的角色、信息处理方式、学习成果的展示方法等。但是，自主学习也需要发挥教师的引导作用，学习者要在教师的指导下有计划、有目的、有组织地学习，并在课程的总体规划下进行自我管理。教师的主导作用主要通过教学目标的设置、学习计划的制订、学习过程的监督以及对学习成果的评价等方面体现出来。

2. 开展策略教学，培养学习者的策略意识

学习者应在自主学习教学模式的引导下，学会运用所学的策略指导自己学习，从而大幅度地提升学习效率。但是，如果不对学习者进行策略训练，他们就很难掌握与学习策略有关的知识，这在一定程度上会阻碍学习者发展处理问题的能力。据相关研究表明，不能辨别和分析语言提示与不能有意识地使用已掌握的语言调节语言行为的学习者，一般都缺乏元认知策略意识。所以，教师在设计自主学习教学模式时，应以提升学习者的策略意识为核心，进而在教学过程中实施真正意义上的策略教学。

3. 逐渐将外部监督转变为自主监控

学习者自主学习能力的发展，会逐渐从外部监督向自主监控转变。所以，教师在这一过程中，要充分发挥自己的监控作用，与此同时，学习者与学习者

之间也要进行必要的监控,采用分组学习、合作学习、自我提问等方式,逐渐形成相互监控和自我监控的学习模式。

4. 构建自助学习中心,提供自助学习资源

为保障自主学习模式的顺利进行,教师需要在学校内创建一个自助学习中心,为广大外语学习者提供更多、更好的学习资源。自助学习中心内设置休息室、讨论室、讲座室等,学习者在自助学习中心可以进行听力训练、自由阅读、口语交流。学习者可自由选择学习方式,并能够根据当前的学习任务或自身的学习状况,在教师的指导下随时调整学习方案。伴随社会的进步,信息技术也得到迅速发展,可在自助学习中心设置网络学习网络学习设施,这样不仅能充分发挥网络的优势,还有助于学习者进行自我管理,进而实现自主学习的目标。

自主学习教学模式也需要开展个别教学,即根据当前的学习环境,针对学习者的学习成绩、学习方法和认知策略给予适当的指导,为不同的学习者设置不同的学习任务,帮助学习者完成学习任务,并对最终的学习结果进行合理评估,进而提升学习者的自主学习能力。

二、自主计划

从元认知策略意识培养角度来看,自主计划阶段主要有表5-7所示的几种学习行为。

表5-7 自主计划阶段的学习行为

\	自主计划
先行组织	预习学习材料,理解与学习内容相关的概念。例如,根据已经掌握的知识对所学内容进行预测;对于要开展的有关语言形式、次序、概要或语言功能的学习任务做出计划;了解在要开展的学习任务中采用的学习策略
集中注意	在完成学习任务的过程中,保持高度的注意力。例如,理解文章的大意,忽略与学习任务无关的信息
选择注意	事先确定要注意学习任务中输入的某些方面的特征或有助于任务完成的细节;在任务完成过程中注意语言输入的某些方面
自我管理	了解促使学习任务顺利完成的各项条件,尽量创造出这样的条件;控制自己的语言行为,并利用已有的目标语知识

自主计划阶段是指学习前的准备阶段,教师在这一阶段要帮助学习者做好

学习准备,首先,学习者根据所学材料的标题来预测学习内容,意识到在不同语篇中信息的组织方式,了解与所学内容有关的文化信息。然后,学习者要确定学习目标,以此促进学习者了解那些重要的细节。

三、自主监控

自主监控指的是在完成学习任务的过程中,对自己的语言行为进行核查、确认或修正。自主监控阶段共包括表 5-8 所示的两种语言行为。

表 5-8 自主监控阶段的两种语言行为

自主监控	
自我监控	自我监控,即在完成学习任务的过程中检测、证实或修正自己对所学内容的理解或调整自己的语言行为。例如,在阅读过程中,教师引导学习者说出对阅读材料的理解,主要目的是培养学习者的思考、预测以及验证等习惯,从而提升他们的自我监控能力
发现问题	学习者在完成学习任务的过程中,发现需要他们解决的问题,例如,教师在布置完需要学习者完成的学习任务后,由学习者通过阅读、理解、讨论等方式,将学习过程中某种规律性的知识总结出来,以此来培养学习者分析归纳的策略能力。帮助学习者发现学习过程中的问题,并引导其采用合适的方法解决学习过程中存在的问题,在发现问题与解决问题的时候,不仅能提高学习者的语言能力和解决问题的能力,还能提升学习者的阅读策略、听力策略、交际策略

学习者进行自我监控,并不断提升自己的控制能力,可反映出学习者的元认知水平。通过对学习过程的监控,学习者核查自己的预测是否与当前的学习内容相符。例如,在训练听力时,学习者应在教师的引导下,将与学习材料有关的信息全部记录下来,假如学习者不能将自己之前所掌握的知识与当前的学习内容进行对照,则很难从真正意义上理解学习内容中所包含的真实信息。所以,在学习过程中,监控可以帮助学习者认识到自己的学习策略是否正确,有助于学习者完成学习任务,提升其推理水平,并充分发挥学习者对学习过程的监控作用。

词义猜测实际上也是对元认知知识的应用,学习者通过对阅读材料的理解与交际语境等信息来猜测不认识的词语的意思,以此提升学习者的推理能力。学习者可将新信息与自己预测的信息进行对比,对假设的内容进行确认或修改,

这对于提升学习者的自主策划能力和自主监控能力具有很大帮助。

学习者可将预测结果记录下来，采用交换的方法互相学习，组织学习者以班级、小组或个人发言等形式，对自己所做的假设进行合理论证，在论证过程中，教师并不评价学习者所做出的任何假设，也就是说，在学习者思考期间，教师并不对其做任何干扰行为，主要目的是充分发挥学习者的主观能动性，培养学习者的创造才能。与此同时，学习者在讨论过程中，还能进一步锻炼其口语能力，提升学习者的语言能力。在活动过程中，学习者的合作能力、沟通能力和自我管理能力都能得到很大程度的提升。

四、自主评价

在学习活动完成以后，教师应引导学习者对自己的学习结果进行合理评估，以起到巩固所学知识与技能的目的。自主评价指的就是学习者完成学习任务以后，进一步核查自己已经掌握了哪些语言知识，还有哪些语言知识没有掌握，核查自己对语言策略的使用情况，或者评估自己现有的学习能力。具体来说，学习者的自主评价主要包括以下几个方面。

（1）输出评价：待任务结束后，查看自己是否已经完成了学习任务；

（2）语言行为评价：对自己在任务完成过程中的表现进行评价；

（3）能力评价：对自己完成学习任务的能力进行评价；

（4）策略评价：评价自己在完成学习任务中所使用的学习策略；

（5）语言掌握评价：对所学语言的掌握情况进行评价；

（6）延伸活动：为学习者提供更多掌握所学的新知识和技能的机会，将这些知识或技能与原有的知识系统相融合，并应用在现实的语言情境中。与此同时，学习者也获得了更多发展自身认知技能的机会。

学习者对自身的语言行为进行评判的目的主要是了解自己对知识的掌握情况，并及时处理自己没有掌握的部分。评价活动主要包括学习者的个体活动、合作活动以及教师的主导活动。在评价活动中，教师要对学习者的语言水平进行评价，关注学习者输出的意义。自主评价尤其强调教师要引导学习者对所使用的教学策略进行反思，而且要将自己已经掌握的策略应用到新的学习任务中。

所以，自主评价不仅能用来评价学习活动，还能用来评价学习过程中遇到的问题，促进学习者在新的学习任务中使用新的学习策略与学习技巧。总而言之，学习者可通过自主学习教学模式获得自我意识、语言意识与自我评估能力。

第六章　新思维下外语教学中方法与策略的行动研究

在外语教学方法策略中,行动研究的内容和行动研究的方法对外语教学有着重要的影响,行动研究是一种来自国外的教学理论研究方法,最近几年来,这种研究方法逐渐得到国内外广大教育工作者的重视。其中,改善教学活动中的反思性行为是教学实践者进行行动研究的主要目的。

第一节　外语教学方法与策略中行动研究内容

行动研究是教师在对自己教学中遇到的问题进行分析的基础之上,根据相关问题的解决方式,改善教学活动的过程。

一、行动研究的特点

(一)行动研究发生在教学过程之中

调查研究和文献研究都可以发生在教学之外,在实践基础上得出的理论,则发生在教学之后。但是,行动研究是针对教学中发生的行为进行研究。

(二)行动研究以促进教学和学习发展为目标

促进学习是行动研究的主要目标,目的在于改变教师的教学行为,改变学生的学习行为,从而使课程标准得以更好地实施。行动研究之外的其他研究,可能只是某种研究的目的,不一定是教学行为,尽管这些研究也是为了改进教学,但是并没有直接作用于教学,所以,在教学过程中实施行动研究是最佳的选择,这不仅对教学发展有利,还有利于教师和学生共同进步。

(三)行动研究是一个循环反思的过程

行动研究是一个循环反思的过程,一个循环的终点,就是下一个循环的起点,即行动研究要经历一个循环往复的过程。基于问题的研究也能解决教学中出现的众多问题，但是，伴随教学的发展，还会出现一些需要解决的新问题，因此，就需要在新问题的基础上进行新的研究。由此可见，行动研究是一个持续发展的行为，其他研究可能只是一次性行为。

（四）行动研究中教师成为研究者

尽管行动研究是在专家的指导下进行研究，但是，这个研究过程也不能缺少教师的参与，教师在行动研究中负责方案的设计、方案的实施、研究数据的收集等工作，与此同时，教师还参与研究成果的分析。在其他研究中，教师只能是教育实践者，但在行动研究中，教师不仅是一个教育实践者，还是一个重要的研究者，因此，行动研究对教师的发展有促进作用。

二、外语教学中的行动研究

行动研究是对教学过程中出现的问题的研究，其研究目的主要是提升教学质量，因此，外语教学中应包括行动研究。教师需要把行动研究设计在教学过程中，还要搜集与教学有关的数据信息，通过对搜集数据的分析，来设计下一步的教学目标。那么，教师在教学过程中，应该怎样实施行动研究呢？

（一）行动研究的选题

实施行动研究时，首先要做的就是选择研究课题，教学中会出现很多问题，研究者应该选择哪些课题展开研究，又该怎样选择研究问题呢？

1. 选择主要问题进行研究

教学中虽然会出现很多不同的问题，但不是所有的问题都需要研究，在行动研究过程中不能研究太多问题，否则会显得太杂乱无章，缺乏研究重点。所以，在选择问题时，要注意选择对教学具有促进作用，以及能够提升学习者学习效率的问题进行深入研究。

2. 选择普遍性的问题进行研究

有些问题不具有普遍性，针对这样的问题可以进行个案研究，无须对其进行行动研究，例如，在课堂教学过程中，有些学生不参与课堂讨论或不认真听

讲，甚至做一些与课堂教学无关的事情，教师不能对此置之不理，但是也不必对此实施行动研究。教师可以将其作为个别问题，并利用课外时间找这些学生谈话，纠正他们的学习态度，让他们在课堂上认真听讲。

3. 选择力所能及的问题进行研究

有些问题确实会对学习者产生一定的影响，但是教师找不出好的方法来解决这些问题，并且也没有相关技术可参考或者相关专家对此进行有效的指导，所以，以教师的能力不能解决的问题也不具备研究的可行性。

4. 采用比较分析的方式进行研究

究竟哪种问题才能算是问题呢？在确定问题时，教师可以采用比较分析的方式，例如，将以下问题作为需要研究的问题。

（1）实际情况与计划发生冲突，现状与目标不相符；

（2）学生没有积极参与合作学习，多数时候由一个学生代劳；

（3）单元考试时，有些学生出现抄袭现象或考试不合格；

（4）学生不参与听力训练，不能及时完成听力任务；

（5）学习者的意见和教师的意见出现不一致的情况；

（6）学习者对教师讲解单词的方式提出不同的意见；

（7）教师在课堂上没有实现设定好的教学目标；

（8）听力训练后小组成员表现得并不好，通过谈话活动商讨问题的答案。

（二）行动研究的文献研究

要实施行动研究，发现问题以后要明白问题出在哪里，假如是教学方法出现问题，要及时纠正教师的教学方法；如果是学生的学习态度出现问题，则应该及时纠正学生的学习态度；如果是评价管理上出现问题，则应该及时调整评价方案。知道问题出在哪里以后，教师可以针对不同的问题寻找相关的研究理论，通过分析已有的研究成果，找出对解决当前问题有用的知识，并根据具体情况设计研究方案，找出解决问题的最佳方法。

例如，当发现是由学习策略应用不当引起的问题时，教师应该认真了解学习策略与学习风格、学习成绩之间的关系,学习策略的内涵及其培养方式,策略培养与自主学习能力发展的关系。与学习策略有关的资料有很多,教师可以从大量的著作中寻找与学习策略有关的理论知识,或者从网络上寻找相关资源,并根据已有的研究来分析教学中出现的具体问题,寻找出培养学习策略的最佳方式,以此来改善教学过程中出现的问题。

第二节 外语教学方法与策略中行动研究方法

行动研究通常会经历问题界定、方案设计、数据收集与分析、撰写研究报告等环节。

一、问题界定

问题界定指的是根据教学中的问题现象界定问题所在。例如,学习者在背单词时出现困难,总是记不住单词,阅读理解受到一定的影响。这其实只是问题的现象,并不属于问题出现的原因,所谓问题指的是致使这些问题出现的原因,那么,应该怎样界定问题呢?

1. 界定问题的范围

教学中问题的界定通常是从环境、学生、教师、教材等方面进行分析。如学习者不积极参与学习活动的问题,若从教学环境来分析,可能是课堂气氛不好,学习者不适应教学环境;若从学习者方面分析,学习者可能不适应某种学习特点;若从教师方面分析,教师的授课方式可能存在问题;若从教材上分析,教材的难易程度可能不适合当前的学习者。

2. 界定问题的方式

(1) 调查

以"学习者记忆词汇有困难"为例,教师可以用问卷调查的方式,调查学生喜欢教师用哪种方式讲解词汇,以便帮助学习者理解词汇含义,并将词汇记

在脑海中，还可以调查学习者对当前的课堂安排是否满意，调查学习者的学习风格、智力差异等，然后根据调查结果来分析教学过程中出现的问题。

（2）座谈

教师还可以通过座谈的方式来了解学习者不积极参与课堂活动的原因，学习者不积极参与课堂学习的原因有很多，有可能与教学设计有关，还有可能受学习者的个人因素影响，更有可能是学习者的家庭原因，相对来说，座谈有利于教师从学习者身上寻找问题产生的根源，这对学习者的发展更有帮助，在进行座谈之前，教师应提前做好计划，想好谈话内容，把握好座谈的艺术，掌控座谈的局面。

（3）回顾性反思

回顾性反思指的是教师对课堂教学过程的回顾，通过比较课堂中学习者积极参与学习活动与不主动参与学习活动的区别，来分析出现这两种现象的其他因素，包括课堂环境、授课教师、教材变化等，找出学习者积极参与学习活动的因素与不积极参与学习活动的因素。

（4）课堂观察

课堂观察是教师了解学习者是否积极参与课堂活动的一种重要方式。由教师观察学生，也可以在其他教师的协助下观察学习者的课堂表现，在观察课堂之前，要先确定观察项目与观察对象，记录被观察对象的具体表现，以便实施课后分析。

（5）案例分析

案例分析指的是分析学习者的具体表现与课堂教学、学生参与之间的关系。以"学习者记忆词汇有困难"为例，分析在学习或考试过程中，学习者能记住哪种类型的词汇，这种类型的词汇与教学活动的设计有着怎样的联系。同时分析学习者不愿意参与哪种学习活动，教师设计的词汇活动属于哪种水平，在词汇应用中，学习者的表现与教师设计的活动有哪些内在联系。通过分析以上问题，教师基本上能确定问题出现在哪里。

二、方案设计

方案设计对行动研究的实施与最终的研究效果具有重要的影响，方案设计

通常包括以下几个方面。

1. 研究的目标

研究的目标指的就是需要解决的问题。以"学生记忆词汇有困难"为例，研究目标是学生能够积极参与词汇活动，提升单词的记忆效率和词汇的应用能力。

2. 研究的方法

研究方法指的是运用何种方法解决问题，以"学习者记忆词汇有困难"为例，采用调查、座谈以及课堂观察等方式对学习者的行为进行分析，假如发现教学活动太单一，难以吸引学习者的注意力；词汇与学习者的现实生活也没有太大联系，难以激起学习者的兴趣；教师没能根据学习者的需求，设计符合学习者年龄、特点的教学活动。那么，教师就应采用游戏的方式吸引学习者参与词汇学习活动，提升学习者的词汇记忆和运用能力。

3. 研究的过程

研究过程指的是方案应该明确研究的周期，在不同周期的不同阶段要采用什么样的教学方式，怎样开展课堂教学，怎样进行课下活动，并根据不同的研究内容来设计不同的教学方案。

4. 研究数据收集与结果分析

方案设计阶段根据研究的需要明确采用哪种方式收集数据，采用什么方式分析数据，这样不仅能避免盲目收集数据，还可避免收集到不适用的数据。

三、数据收集

1. 课堂观察

课堂观察有两种形式：一是开放性观察，二是主题式观察。在行动研究中一般使用主题式观察，主题式观察指的是课堂观察有明确的主题，方便记录具体可用的数据。

2. 课堂录像

录像能将课堂教学中教师和学习者的一言一行记录下来，方便日后进行研究分析，但是录像需要采用录像设备，解析录像信息还需要花费大量时间。

3. 研究日志

研究日志中记录的是行动研究的内容，其中包括：教学设计、教学内容、使用的教材；教学过程中出现的各种现象；座谈和问卷的内容；学生对学习活动的反应；教师的反思；研究人员的讨论等。

4. 问卷调查

采集数据时，研究人员经常会使用问卷调查的方式，调查内容包括：学习者的学习行为和学习效率；对行动研究设计的反应；学习者使用的学习策略等。但是，问卷调查得到的数据具有一定的主观性，因此，需要与其他数据收集方式搭配使用。

5. 测试

测试主要用来测试学习者的语言应用能力水平，通过测试结果可以看出学习者的变化，能用来证明教学设计对学习者行动的影响。但是，用于研究的测试与其他形式的测试有所区别，研究测试可以单独测试某一项能力，或者用来测试教学目标，从而获得最直接的数据。

6. 学习日志

学习者可以将自己的学习行为与学习过程中的感受，通过记日记的方式记录下来，从而为行动研究提供参考依据。

四、数据分析

数据分析包括两种形式，一种是定性分析，另一种是定量分析。课堂观察、座谈和日志中的数据，通常采用描述性的分析方式，而调查问卷和测试的数据，通常运用定量分析的方式。一般情况下，如果要检查新的教学设计对学生的学习行为是否有效，可应用 SPSS 对数据进行显著度检验。

五、撰写研究报告

行动研究的目的不是撰写研究报告,而是通过撰写的研究报告帮助教师对研究进行反思,从中找出新的问题,为下一步研究的实施奠定基础。一个完整的研究报告,应包括题目、内容摘要、前言、正文、论证、问题分析、假说、方案设计、方案实施、数据分析、结论、参考书目等内容。

第七章　新思维下外语教学交际能力的养成

从目前外语教学的发展现状来看，培养学习者的外语交际能力、提升外语语法基础、拓展外语词汇量、提升外语听力水平、丰富外语阅读内容、培养外语写作能力、培养跨文化意识、养成良好的学习习惯与监控心理等，都是顺应外语教学发展的客观需要，也是新思维下外语教学方法与教学策略所研究的主要内容，更是让学习者适应高速发展的国际形势的需要，所以，无论是外语教师还是外语学习者都要敢于探索、勇于实践，以此提升学习者的外语水平与外语交际能力。

第一节　交际能力的理念概述

在现在的外语教学中，交际教学法所起的作用越来越明显，而交际教学法的一个重要目标就是培养交际能力。交际教学法的理论基础包括语言交际理论和学习理论两个方面内容，以这两种理论为基础，外语教学法认为，外语教学需要在交流中进行学习，语言只是一种交际手段，即依靠语言能力就能获得交际能力等具体的交际活动。

一、交际能力

乔姆斯基（Chomsky）在20世纪50年代末，将笛卡尔等人的心灵主义理论发扬光大，从根本上否定了语言理论，同时，提出"语言能力"这一理论。乔姆斯基（Chomsky）认为"语言能力"是一种抽象的知识状态，并不是一种交际能力，更不是一种组织语言和理解语言的能力。随后海姆斯（Hymes）针对乔姆斯基（Chomsky）的"语言能力"提出了"交际能力"的概念，海姆斯（Hymes）认为，语言能力就是一种使用语言进行人际交往的能力，语法知识是语言能力形成的基础条件，也是交际能力的重要组成部分。海姆斯（Hymes）所说的交际能力指的是一个人对潜在语言知识和语言能力的应用。他认为一个人的交际能力包括语法、心理、社会文化和概率判断等方面的能力。

值得肯定的是，海姆斯（Hymes）提出的"交际能力"这一概念，极大地鼓舞和启发了广大的语言学家，语言学的研究领域有所拓宽，人们对语言的研究不再局限于对语言形式与结构的分析，社会语言学研究得到了前所未有的发展，显现出一派生机勃勃的景象。外语教学界也受到这一理论的影响，外语研究界的研究人员不仅意识到外语教学法流派具有非常明显的局限性，而且还对"交际能力"这一理论持积极支持的态度，他们参考英国功能语言学派的语言理论，编写了以交际能力为基础理论的外语教学大纲和教材，将外语交际教学法这一理论的发展推向高潮。

这里有两点需要指出：第一，从理论上看，海姆斯（Hymes）提出的"交际能力"与乔姆斯基（Chomsky）提出的"语言能力"并不是同一种概念，两人所说的"能力"处于完全不同的层次上，对两种"能力"的理解也完全不同，海姆斯（Hymes）在乔姆斯基（Chomsky）"语言能力"的启发下提出了"交际能力"，他没有否定"语言能力"，也没有对这一理论进行补充，对能力一词的不同理解以及乔姆斯基（Chomsky）对语法能力和语言能力的混淆使用，是造成上述两种能力成为一对矛盾或两个互补概念的主要因素。第二，海姆斯（Hymes）对外语交际教学法的影响仅局限于理论方面，他并没有明确交际能力的定义，交际能力所涉及的内容也完全不同。从语言学的角度来看，英国功能语言学理论对现代交际教学流派的形成及其内容具有更深刻的影响。

一般来说，交际能力指的就是一个人运用语言或非语言等方式实现与人交往的能力，这种能力能够将一个人的整体素质体现出来，它所涉及的内容包括以下几点：

（1）文化知识，是一个人对文化观念和习俗的认知能力；

（2）认知能力，是一个人对事物的认识水平、智力水平、反应水平和对知识的掌握与运用的能力；

（3）语言知识，是一个人用词语造句，用语句组成语篇的能力；

（4）文体知识，是一个人根据不同的交际对象和交际目的，选用不同的语

言风格实现人际交往的能力;

（5）其他知识，主要是指非语言知识，如肢体语言、面部表情等;

（6）情感因素，指一个人对待人与事物的态度、交际动机、个人品质和性格特征等。

总而言之，交际能力的概念比较复杂，它最突出的特点就是涉及的范围比较广泛，交织着各种各样不同的因素，且不同的因素所处的层次也不同，各种因素之间相互影响、互相约束，因此，由它所形成的知识和技能体系具备一定的复杂性。

交际能力具有相对性特点，交际能力没有一个严格的划分标准，"能表达出最基本的想法"或许是交际能力的基本要求，交际能力没有最高标准。

同样是为了实现交际目的，因为所使用的语言风格和表达方式完全不同，就会得到完全不同的交际效果，一个人的实际交际能力能通过这一点体现出来。即便是同一个人，在不同的语言学习阶段和不同的场合内、面对不同的人所表现出的交际能力也会有所不同。

之前人们在讨论交际能力时，通常是关于口语表达能力的讨论，因此，对交际能力的讨论有所不足：第一，没有展开对书面交际语言的研究；第二，缺乏对理解能力的研究。实际上，书面交际语言是语言交际的重要方式之一，人们应加强对书面的交际语言的研究，随着社会的发展，书面交际语言的实际应用范围逐渐扩大，人们越来越迫切地需要提升书面交际能力，因此，作为交际能力的重要组成部分，人们应对书面交际语言进行深入研究。此外，假如把语言交际过程当作一个信息交流的互动过程，那么，这个过程中就包含两项内容，一是信息的发出，二是信息的接收，信息发出和信息接收是相互联系的，也就是说语言表达和语言理解是相互联系、不可分割的。从某个方面来说，语言理解能力比语言表达能力更重要一些，主要原因是：第一，相关研究表明，语言理解能力的获得比语言表达能力要早；第二，人们只有在理解语言的基础上，才能运用语言进行有效的表达，不理解语言便不会用它进行有效表达；第三，提升语言理解能力可进一步提升语言表达能力。

所以，交际能力包括理解和表达两项内容，由此可见，要培养学生的交际能力就是要培养他们的听、说、读、写的综合能力。

二、外语交际能力与母语交际能力的关系

外语交际能力与母语交际能力有什么区别呢？实际上，外语交际能力与母语交际能力在本质和内容上没有任何区别，主要区别在获取语言的方式、深度、要求和影响因素方面。

一个人所进行的社会活动和他所处的社会环境对其母语能力的获得具有重要的影响，实际上，人是在社会化的过程中获得母语能力的。然而，获得外语能力的途径却与此完全不同。

外语学习者通常是在掌握了母语的交际能力之后才开始学习外语的，母语交际能力必然会影响外语交际能力的获得，实际上，语言知识会产生迁移情况，即迁移与负迁移，正迁移会使人们外语交际能力得到提升，负迁移会阻碍人们外语交际能力的提升。由于人们所使用的交际手段基本相同，所以，交际能力在很大程度上是会出现正迁移。这也就意味着母语交际能力强的人可更快获得外语交际能力。同样的道理，假如学习者所学的外语与母语的语言结构相似，文化背景相差不大，也就极有可能发生语言交际能力正迁移的状况。然而，人们更加关注不同文化交际模式和方式上的差异，将母语交际模式误用于外语交际场合，这就出现了母语交际能力的负迁移。为了减少母语交际能力对外语交际能力的负迁移作用，使母语交际能力发挥出积极的影响，人们应该做好两方面工作：第一，深入研究交际能力所涉及的各种因素；第二，通过比较研究，找出不同文化背景下，人们所采用的交际模式和交际方式的区别，以及目的语与母语之间的差异，将有可能出现的错误提前预测出来，将目的语与母语交际能力上的不同之处体现出来。

外语交际能力与母语交际能力的不同还体现在程度和要求上。据有关研究表明，成年以后学习外语的人，其外语交际能力只能达到与本族语者相似的程度，其语音、词汇、语法总与本族语有所区别。

就目前来看，我国学习者的外语交际能力有两点不足：第一，不了解本族语的交际规则，不知道该怎样尊重他们的交际习惯；第二，不了解外语交际规

则和交际模式,不知道该怎样遵守外语交际中特有的程式。第一种情况是母语教学的过失,第二种情况是外语教学的过失。

中国历来重视培养学习者的书面语表达能力,很少注重培养口头语表达能力。学习者口语能力的获得有时依靠自我领悟和模仿,中国外语研究界也不重视研究汉语交际模式,因此,没有现成的研究成果可供人们参考,这极大地影响了外语教学的发展。外语教学和外语教学方法上存在许多缺陷,直接导致了学习者不明白外语表达法与功能之间的关系。外语教师有必要培养学习者的跨文化意识,进而使学习者快速掌握外语交际能力。

三、外语交际教学法和外语交际能力的培养

从各种不同的外语教学材料上看,交际教学法注重语言的应用,强调语言的功能与意义,强调语言形式表达意义的功能,将达意作为外语教学的主要目标。这样弱化了语法教学的作用,只注重语言的使用技巧,却忽视了语言知识的整体功能,所以,在培养学习者的外语交际能力时,交际教学法并非最佳的培养方式。

众所周知,人们将能力理解为知识和知识的应用这两个方面。交际能力也包括这两方面,知识是使用的前提条件,使用则是知识的体现。尽管一个人掌握了一种语言知识,但是他不一定能正确地应用它。同理,一个人可能掌握了使用语言的能力,但是,他缺乏足够的知识对语言进行恰当的分析,导致他在应用语言时出现一定的困难,这些都说明了这个人的交际能力并不强。[1]

我们认为,一个人如果分析过语言知识,他就有可能在不同程度上获得使用这种语言的能力;假如没有分析过语言知识,也就无法获得使用这种语言的能力。学习者也可能掌握了目标语中的词语或熟语,但不一定能将词语组成语句,或不能将语句组成语篇。假如太过于注重语言表达形式与语境的关系,过分强调情境教学,极有可能对学习者掌握语言构成要素之间的关系造成不良影响。当然,这只是一个语言程度的问题,即便只是对语言形式进行分析,学习

---

[1] 胡海建.课堂教学小策略实用精品库小学外语[M].北京:光明日报出版社,2009.

者也有可能获得语言交际能力，此外，掌握语言知识并不一定需要对语言构成要素进行分析。

语言知识的分析能力是有限的，因为语言是在长期的社会实践中逐渐形成并确定下来的，语言的使用具有某种偶然性。语言交际与语境有着密切的联系，无法从形式上对语言中的结构和用法进行分析。

相关研究表明，语境与语言知识的分析能力是正相关的，如果要实现培养交际能力的目的，就需要在营造语境的同时培养语言知识分析能力。

之前我们已经讨论过，学习外语的主要目的是获得交际能力，学习者要想提高交际能力，就需要不断积累各种语言知识和非语言知识。外语教学中，教师不仅要向学习者传授语言知识，还要向学习者传授其他知识，同时，注意培养学习者的跨文化意识。我们认为，无论以何种目的进行外语教学，都应该遵守以下几个原则：

（1）文化原则，对比不同文化背景下的语言知识和交际模式，培养学习者的跨文化意识；

（2）交际原则，把语言结构与语境和功能结合在一起；

（3）语法原则，将传授语言知识放在首要位置。

需要注意的是，在贯彻外语教学原则的时候，要有一定的灵活性，根据不同的学习者和教学要求灵活应用教学方法，避免重复使用一种教学方法，否则就违背了外语教学原则。例如，针对初次接触外语知识的学习者，应营造一个良好的学习环境，让学习者感觉更加自然放松，并在这种融洽的环境中掌握语言知识，达到使用外语进行交际的目的，即获得外语交际能力。然后根据具体情况分析语言知识，使外语交际能力得到提升。针对已经接触过外语知识的学习者，应利用其已经掌握的知识，提升其语言意识和跨文化交际意识，并营造一种真实的交际环境，反复练习新学的语言知识，加深语言知识的掌握和记忆，为进一步提升交际能力奠定良好的基础。[1]

---

[1] 何广铿，黄冰，勒妍. 外语教学研究方法 [M]. 广州：广东高等教育出版社，2009.

四、外语交际能力的培养与学生的整体语言能力

下面笔者针对外语交际能力在整个语言教育中的地位和作用进行简要论述。

我们之所以谈论语言教育,因为语言学习不仅是学习一种知识或技能,而且是对整个知识结构的调整和完善。尽管在整个教育过程中,母语教育占据着至关重要的地位,但是,也不能不重视外语教学,主要是因为:

(1) 学习外语可帮助学习者树立一种跨文化交际意识,使其更能接受和理解外族文化,有利于克服自我中心文化思想;

(2) 语言是人类最重要的交际工具,学习外语可使学习者获得更多优秀的知识,对个人素质的提升具有重要意义;

(3) 学习者在接受过外语教学之后,会加深对母语知识的理解,对其母语交际能力的提升具有一定的促进作用。

讨论外语教学对整个语言教育过程的影响,主要是因为,我国的外语教育和母语教育在当前的教育体系中处于互不干涉的状态,这对于拓展汉语教学视野和提升外语教学效果来说都是不利因素。我们更希望外语教师和外语学习者们能深入研究汉语与外语的教学特点,揭示外语交际能力与母语交际能力的内在联系,从而提升外语教学质量。与此同时,我们还希望广大的教师和汉语学者能拓展研究思路,结合前人的研究成果,分析出外语教学与汉语教学的共同点。

第二节 外语语法基础的提升

在学习外语时,人们一般都会先学习语法知识,在学习过程中,不仅要运用经验,还要应用理性认知。要提升学习者的语言学习能力,就不能忽略语法知识的学习。

一、语法教学的历史回顾

下面笔者对语法教学的发展过程与发展原因进行简单讲解。

第七章　新思维下外语教学交际能力的养成

在五百多年前，欧洲各国都非常重视学习拉丁语，随着政治的演变，拉丁语的地位逐渐下降，英语、法语和意大利语取代了拉丁语的位置，但学校依然用拉丁语对学生进行记忆和思维训练，学习目标是学习其与语法规则以及词的变化规则等。拉丁语的学习还包括翻译法的学习，在阅读拉丁语的文章时，学习者还要分析作品的语法结构和修辞手法，在16—18世纪，这种教学方法广泛应用于欧洲各国。这种教学方法主要以语法为中心，学习和记忆语法规则以及通过翻译强化记忆是外语学习的主要目的。[1]

语法—翻译法的主要特征如下：

（1）学习外语的主要目的是获得更多优秀的知识，同时，训练学习者的思维能力。语法—翻译法主要是对语法规则的详细分析，在翻译外语句子或文章时，通常会用到语法知识，因此，从语法—翻译法的角度来看，学习外语语法规则是语言学习的本质；

（2）注重培养学习者的阅读和写作能力，不注重培养学生的听说能力；

（3）根据课文内容选择要学习的词汇，教材的最后几页是词汇表，每个词汇都有相应的解释，课文后还有语法规则的讲解内容；

（4）在语法教学中，句子是基本单位；

（6）采用演绎教学法向学生讲解语法，然后进行翻译练习，加深学生对语法规则的记忆；

（7）人们通常使用母语进行教学，对比母语和外语方面的知识时也使用母语。

由此可知，语法教学在外语教学中处于核心地位，通常情况下，人们会认为掌握了某种语言也就掌握了这种语言的语法，而经过反复练习可使人们掌握语法知识。当然，这种教学法也有一定的缺陷：它并不重视培养学生的口语能力和听力，学生很难掌握口语交际能力；由于过分追求精确，抑制了学生的创造才能。19世纪中期，欧洲各国之间的交流变得越来越频繁，对口语交际能力的要求变得越来越高，"语法—翻译"的地位有所动摇。有些外语教学专家

---

[1] 何广铿，黄冰，勒妍．外语教学研究方法[M]．广州：广东高等教育出版社，2009．

开始编写有对话内容的教材，目的是训练学生的口语能力，还有些人根据自己对母语习得过程的观察，提出口语技能训练应先于其他技能的看法。19世纪末期，外语教学界纷纷开展了外语教学改革的活动，当时较为著名的语言学家都一致认为：

（1）口语训练应占据首要位置，外语教学法的核心内容是口语交际能力的培养；

（2）在外语教学中，要应用语言学的研究成果；

（3）在教师培训活动中，适当应用语言学的研究成果；

（4）学生可先进行听说训练，然后再学习文字部分；

（5）外语教师在讲解句子的同时，应向学生讲解外语词汇；

（6）教师在讲解句子的同时，应与上下文紧密结合，有助于学生理解记忆；

（7）结合上下文为学生讲解语法知识，即采用推理的形式教授语法；

（8）最好不要使用母语进行翻译，用母语解释相关的单词或查看学生的理解程度。

对外语教学有了全新的认识后，直接教学法便应运而生，成为欧美各国广泛应用的教学法。语法在外语教学中，依然占有绝对重要的地位，但是在教学中也没有忽略推理。

在帕尔默（Palmer）、霍恩比（Hornby）等人的倡导下，英国于20世纪20年代将口语教学法广泛应用于教学中。情境教学法与直接法相比增加了应用语言学的系统理论，同时，将结构语言学的研究成果应用于情境教学中，情境教学法有如下几个特点：

（1）通过某种特殊的情境向学生介绍新的语言知识，并让学生在这种情境中对新学的知识进行实践演练；

（2）在教学过程中，应先教授口语，然后再教授相关的语言知识，也就是说先用口头形式教授知识，然后再用书面形式讲解知识；

（3）所选的词汇应尽量包含常用的词汇；

（4）在课堂上讲话时，尽量应用所学的语言；

（5）按照先简后繁的原则安排语法的学习；

（6）训练阅读或写作之前，学生应具备一定的词汇量和语法基础。

20世纪50年代，在结构主义的影响下，美国外语教学中出现了听说法。听说法与情境法有许多相同的地方，但是，这两种教学法也有一定的区别，即两种教学法强调的重点不同。听说法注重采用对比分析，通过对比分析可将学习者在学习母语与目的语的过程中所遇到的困难找出来，假如教师能够恰当地运用具有不同难度的教学材料，则有助于学习者解决学习中遇到的问题。

20世纪60年代，情境教学原则成为外语教学法的主要特色。直接法与情境教学法都需要依靠推理法进行教学，同时，这两种教学法也非常重视语法教学。另外，这两种教学法也具有一定的区别，情境教学法主要参照"刺激—反应"的学习理论进行教学，他们认为语言习惯可在不断重复和训练中得到强化。

结构主义语言学对语言教学的影响是：（1）注重口语训练；（2）强调句型操练。

在行为主义理论的影响下，语言习得理论认为，要想加强或巩固语言规则，就需要对目的语进行反复训练。所以，句子的构成规则就是直接法和听说法的语言教学重点，主要表现在对句型或句子的分析和描述方面。直接法与听说法的最大缺点是：语法教学抽象，没有与实际相结合；语法概念过于狭窄；不重视培养学习者的认知能力，认为只须通过反复记忆与操练就能使学习者掌握目的语；学习者的口语交际能力差；难以施展学习者的创造才能。

20世纪50年代末期，语言界兴起一场语言革命，将"转换—生成语法"应用在外语教学中。此时，乔姆斯基（Chomsky）提出了语言能力的概念，他认为人脑在吸收一部分外来语言素材后，会自动形成一套与其相关的语法规则，方便人们使用这种语言。乔姆斯基（Chomsky）认为大脑中的语言习得机制是人类的语言蓝图，可称之为普遍语法，实施"转换—生成语法"进行教学的目的是发现、描写和解释这套普遍语法。

"转换—生成语法"对外语教学不具有直接的影响，但是，社会语言学和心理语言学却对外语教学有着直接的影响，此外，它们对语法教学也具有一定的影响。

"交际能力"这一概念是海姆斯（Hymes）提出的，他认为人需要具备一定的语言能力，还要具备在不同场合对不同的人采用不同的方式以及不同的语言进行交流的能力，才算得上是真正地掌握了语言交际能力。

在甘柏兹（Gumperz）、拉波夫（Labov）和海姆斯（Hymes）的倡导下，美国兴起了社会语言学，它对外语教学产生了极为深刻的影响，教授外语课的教师们，纷纷对情境教学法和听说法产生了质疑，动摇了这两种方法在外语教学中的主导地位。人们开始意识到，处于有意义的情景中训练句型，对于学习者掌握目的语具有很大帮助，但是这样训练并不能使学习者的口语交际能力得到有效提升。因此，应用语言学家和外语教师们以提升学生的口语交际能力为主要目标，试图寻找一种新的教学方式，以此提升学习者的交际能力。①

交际教学法注重培养学习者的交际能力，并不对语言结构的准确度做过多强调。在交际教学法中，语法教学的重要性次于交际教学，同时，语法教学不具备系统性，有很多语法项目都被忽略掉。

20世纪70年代后期，克拉申（Krashen）的监控理论在北美外语教学界占据主导地位。克拉申（Krashen）将"学习"和"习得"这两种概念区分开来，他说："学习"主要是在课堂中进行的，所学的是语法的规则，并不能使学习者掌握实际的语言程序。由此可见，他的理论中，语法教学几乎没有任何地位。实际上，克拉申（Krashen）的理论并未得到外语专家和外语教师的认可。许多外语教师认为，学习语法知识有助于学习者切分语言信号，可使学习者更容易接受和理解所学的外语知识。

二、外语语法教学的意义与教学语法

在外语教学中，语法教学属于一个极其重要的组成部分，这一点可通过外语教学的特点、学习者的认知能力的培养以及语言的本质等方面体现出来。

语言具有系统性特点，可为人与人之间的交流提供方便，正因为如此，它才得以成为人类最重要的交际工具之一。语言的系统性可通过语法的规则性体现出来，语法规则是语言形成的基本条件之一。

---

① 罗毅，蔡慧萍. 外语课堂教学策略与研究方法 [M]. 武汉：华中科技大学出版社，2011.

第七章　新思维下外语教学交际能力的养成

教育的首要功能是为学习者讲授知识，在外语教学中，就是向学习者讲授语法知识，帮助学习者阅读和理解相关内容；教育的第二种功能是提升学习者的社会能力，使其适应社会，成为一名合格的社会成员。通过语言教学教会学习者在完成社会任务的过程中正确地使用语言，例如，向陌生人问路；邀请别人参加某项活动；与某位朋友告别等。教育的第三种功能是提升学习者的整体素质和个人能力，在语言教学中，体现为在适当的环境中，提升学习者的语言习惯和语言能力。[①]

相关研究表明，人脑中存在着一种与其他生物不同的语言能力，主要表现在人脑可识别语音和推断语法。正因为拥有这两种能力，人类才得以掌握自然语言并使用语言进行交流。所以，在外语教学中，人们没有必要去考虑该不该教语法，应该思考该怎样教语法。

正是因为人们对语言本质有不同的认识，且采用不同的方法对其进行研究，所以对语法概念的理解也就有所不同，从而产生了许多不同的语法描述方法。

我们认为，语言学理论影响着外语教学法的使用，不同的语言观必然会产生不同的教学观，现代语言学对语法有不同的看法，但是每一个不同的流派都是合理的，都能揭示语言的特点，在描述方法上有其独特的地方。所以，在语法概念还没有确定的情况下，语法教学应集中不同教学方法的优点，为学习者提供一个完整的、准确的语言学习体系。

因为外语教学具有一定的特殊性，所以在编写语法教学时，也应按照一定的要求来编写。我们认为，在编写语法教学的过程中，要注意以下两种编写原则。

（1）对比原则

通常情况下，学习者都是在掌握了母语之后才开始学习外语的，所以，新的语言系统必然会受到原有知识的影响，且会产生两种不同的影响，也就是说，原有知识会产生正迁移和负迁移两种迁移。假如母语与目的语相近，那么正迁移会大量出现；假如母语与目的语相差很大，那么负迁移会大量出现。因此，在外语教学中，应加强正迁移减少负迁移，提高学生的外语学习成绩。据相关研究表明，外语的词序、词形都可影响外语习得，当缺乏学习外语的语言

[①] 张艳玲. 外语教学的理论、模式和方法 [M]. 青岛：中国海洋大学出版社，2018.

环境时，这两种影响会表现得更加明显，在外语教学中应注意到这一点。如果要增加学习者对母语与目的语的了解程度，则可将对比法应用在语法的编写过程中，编写人员可通过相关研究成果来了解学习者在学习外语时所遇到的困难，然后想尽办法帮助学习者跨过学习上的障碍。

通过对比原则可以区别语义系统和交际系统、语篇原则之间的不同之处。通过对比可让学习者明白，所有语言的词汇都不存在一一对应的关系。我们需要参考每一种语言的文化传统来加深对它的了解，然后根据所学语言的交际原则和交际方式间的差异来恰当地表达个人意愿或者表示感谢、拒绝和接受等。

同理，让学习者充分了解所学语言与母语语篇结构上的差异，可使其充分了解不同民族的思维习惯，在此基础上掌握所学语言的语篇规律。

（2）认知原则

通过分析不难发现，母语并不会使学习者产生困扰，使学习者产生困扰的主要是学习者所采用的认知方式——类推。由此可见，学习者无论学习哪种语言，都应该尽量去发现规则和应用规则，使自己所掌握的知识形成一个完整的体系。当学习者充分了解到自己所掌握的学习体系与目标语体系有所不同时，他就会做出相应的调整，调整到与目标体系接近的程度。学习者在学习语言的过程中，通常都会采用分析、配对、综合和嵌入四种认知方法。所以，语法编写人员要注意利用学习者的自主学习能力，在选择和编写语言材料、语法项目的过程中，应注意培养和利用学习者的认知能力。

此外，外语学习过程与母语学习过程有很大区别，实际上，学习母语不仅是一个学会交际的过程，还是将人发展为社会人的过程，在这个过程中，人们会应用语言来发现周围世界，并将其中的现象进行归类。而外语学习就是在这样的认知基础上进行的，所以，语法编写人员应根据学习者的语言知识和社会知识来编写语法。

同时，在安排与处理语法项目时，应注意应用语言学习的阶段性特点。假如，我们将外语学习过程分为不同的阶段，那么，在不同阶段都有其不同的特征。在安排语法项目时，应有不同的侧重点。在初级阶段要安排一些简单的词汇和简短的句型；在中级阶段要安排一些稍微难一点的句型和文章；在高级阶段应安排一些能够激发学习者跨文化敏感性的内容。

此外，在编写语法时，还应注意在真实、丰富和分级的语言材料的基础上进行。学习者只有接触过真实且丰富的语言材料后才能提高语法意识，使其脑海中的语言习得机制充分发挥作用，进而获得良好的学习效果。

以上笔者主要针对语法编写的原则进行了相应的讨论，可概括为：外语教学应体现出系统原则、交际原则，还必须遵守对比原则和认知原则。

第三节　外语词汇量的拓展

有人说："语言就像一座高楼大厦，语法就是语言形成的框架，词汇是构建语言的砖块。"这种比喻虽然有一定的出入，但是，它却将词汇和语法之间相互依存又相互独立的关系十分形象地揭示出来。

在人类语言产生的最初阶段，词汇在语言交际中发挥着极其重要的作用，随着交际内容的增加，语法对话语的组织也产生了相应的影响。学习母语的过程要经历发声、单词句、双词句和完整句等阶段，单词句阶段的词语只表达一种简单的意思，双词句阶段的词语可用来表达不同的意思。伴随认知能力的发展，人的语法意识也得到提升，逐渐能用不同的语法手段来表达不同的意义关系。

在语言交际过程中，语法与词汇之间存在互相补充的关系。词汇上的空缺可由语法手段来补充，语法上的空缺也可通过词汇手段来补充。正因为每一种语言的词汇和语法手段有所区别，才使得世界上出现了各种各样不同的语言。

在丰富的语言环境中，词汇所产生的交际功能要比语法所产生的交际功能重要很多，在缺乏语境的状况下，语法对语言的输出和理解具有重要的影响。语法主要起到调节的作用，它是为词汇服务的。

传统的外语教学主要向学生讲解语法知识，将语法结构作为外语教学的重要目标，并不重视培养学习者的交际能力。但是，传统的词汇教学强调词的字面意义，忽略了词汇的实际应用意义。在20世纪60年代，外语教师在教学过程中，依然将语法结构作为重点讲解内容。到了20世纪70年代后期，人们开

始注意词汇在教学中的作用。在英国，人们将词汇和语义的研究成果应用于外语教学中，以此来帮助学习者掌握词汇的用法。同时，通过对母语习得过程的研究，人们抓住了词汇习得的特点，这对于词汇教学具有非常重要的意义，帮助教师找到了最佳的词汇教学方法。在外语教学的所有研究项目中，词汇习得的研究备受瞩目。

当前，人们已经意识到词汇知识是构成语言能力的一个重要因素，与词汇和词汇习得有关的研究表明：

（1）某种语言的使用者成年后依然会不断扩充自己的词汇量，但其句法方面却没有太大进展，由此可见，词汇学习是一个循序渐进的过程，有人专门研究过不同年龄段的儿童所掌握的词汇量，结果表明学龄前儿童所掌握的词汇量大约在2000个左右；7岁左右的儿童所掌握的词汇量大约在7000个左右；14岁儿童所掌握的词汇量大约在14000个左右；成年人所掌握的词汇量大约在100000个左右；而专业科学家所掌握的词汇量大约在150000个左右；

（2）掌握一个单词就应该知道这个单词在口语和书面语中出现的概率，许多单词一般都有与其搭配使用的词语，本族语通常可将一组单词分为"常见""不常见""不大常见"三个种类；

（3）掌握一个单词就应该知道这个单词的句法特点；

（4）掌握一个单词就应该知道这个单词的深层形式，以及这个单词的派生词；

（5）掌握一个单词就应该知道这个单词应该用在哪种情境中，以及这个单词应该发挥的作用；

（6）掌握一个单词就应该知道这个单词与其他单词之间的关系；

（7）掌握一个单词就应该知道这个单词的其他不同意义；

（8）掌握一个单词就应该知道这个单词的语义评价意义。

一、外语词汇习得与母语词汇习得的区别

（一）母语词汇习得

母语习得与人的生理和认知特点密切相关，人所处的环境对语言能力的发展具有十分重要的影响。

第七章 新思维下外语教学交际能力的养成

学习母语和认识词汇的过程也是人们认识世界的过程，人的认知能力和语言能力存在一种相互促进的关系。据心理学家对儿童词汇习得的研究表明，儿童是在特殊的环境中习得有关事物的概念和相应的语言表达方式的。

据相关心理学研究表明，婴儿在7个月左右就已经与其母亲建立了一套言语交际程式。此时婴儿已经知道采用什么方式获取自己期望的结果，或者对母亲的行为做出反应。所以，部分心理学家认为儿童是通过与身边亲人的交往和在自己熟悉的环境中开始学习语言的，正因为如此，儿童才能在熟悉的情境中获取语言信息，并利用所获取的信息来猜测母亲的想法。实际上，在这种情境下，儿童就已经在尝试使用语言来表达自己的想法了。也就是说，儿童需要先掌握一些语言概念，然后才能使用语言来表达自己的观点。

实践证明，在与儿童交往的过程中，母亲所输出的语言与其所处的环境密切相关，其中，有70%的语言内容与儿童所关注的某种物体有关，另外30%的内容与两人的实际行为有关。不同的儿童会采用不同的策略来发现某些特定的语法特点，这种差异在其语言发展的早期便有所表现。

纳尔逊（Nelson）研究了18个儿童对50个词语的习得情况，这些儿童掌握词语数量有一定的区别，按照他们所掌握的词语的意义，将他们分为两组，一组是"表达组"，另一组是"指称组"。"表达组"对周围的人比较感兴趣，他们运用语言主要来表达自己的情感和需求。"指称组"对身边的事物比较感兴趣，因此他们能够记住许多事物的名称。纳尔逊（Nelson）对这些儿童的语言发展进行了长期的观察，发现他们前期没有什么明显的区别，但是后来却有了非常明显的变化，两年以后，"指称组"每个月习得的词汇量明显多于"表达组"，但是，"表达组"的句法习得的速度明显快于"指称组"，学习前10个单词以后，"表达组"学习单词的速度要高于"指称组"。

安格林（Anglin）研究了儿童与成年人对词汇意义认识的差异，并对儿童词汇习得的进程进行了追踪调查。他的研究对于发现儿童词汇习得的特征具有重要的影响，儿童词汇习得特征主要包括以下几点：

（1）儿童通常会按照主题将一组词横向组合起来，成年人一般会按照句法特征对同类词进行分类。儿童的抽象能力与认知环境是产生这两种区别的主要

原因，所以，要想快速掌握词汇，必须要深刻理解词与词之间的句法、语义以及概念关系；

（2）儿童对词义的理解逐渐由具体向抽象发展：这一点可通过词汇搭配测试体现出来，成年人更容易接受词汇的抽象意义，喜欢用隐喻的方式表达自己的想法，儿童则不然。

由此可见，儿童习得词汇的过程其实就是其认知能力、总结能力、交际能力相互促进的过程。

（二）外语词汇习得

外语习得远比母语习得要复杂很多，首先，我们将外语的学习分为两种情况，一种是在双语环境下学习语言；另一种是在基本上掌握了母语之后（包括儿童与成年人）。前一种情况是人社会化过程的一部分，语言习得与人的认知能力和社会环境有很大关系，后一种情况则是在人们已经习得一种语言和具备了一定的认知能力后才开始学习其他语言的，学习者的个人差异、情感因素等都会影响另外一种语言的习得。心理学也对这方面有所研究，通过对两种学习者大脑结构的剖析，发现其大脑结构具有非常明显的区别。

从理论层面上看，外语学习与母语学习是两种完全不同的概念。

（1）从认知基础上看，儿童是在某种社交环境中理解某些事物概念的，同时也习得了这一概念的语言表达方式，概念与语言学习同时进行；而外语学习者是在已有概念系统外学习一种新的语言符号来表达某一概念。外语的概念系统不同于母语的概念系统，与外语对应的语言符号也各有特点。所以，在学习外语词汇时，外语学习者会遇到以下几种困难：第一，语音方面，由于母语与外语的语音符号与组合方式都不同，在词汇的记忆上，会产生一定的困难；第二，书写方面，对于母语与外语的书写形式完全不同的学习者来说，在词汇的书写与文章的阅读方面会出现一定的困难；第三，词法方面，不同语言的构词方法与词的形态不同，学习者在学习过程中会遇到一定的困难。总而言之，母语和外语的差异性表现得越明显，学习者学习外语的困难程度就越高，当然，也有一些特殊的情形，也就是越相似的词汇越容易记混，从而引起误解，给学习者带来一定的困扰。

除了这些以外，学习者对外语词汇的学习也会受其"元语言"能力的影响，所谓的"元语言"能力指的是学习语言学习能力、语言处理能力以及认知能力。

（2）从交际能力来看，人是在习得母语的过程中学会使用母语进行交流的，并知道自己应该在什么地方、什么时间、什么地点、与什么人进行一场什么样的谈话。卡纳尔（Canale）和斯温（Swain）认为人的交际能力可分为四个方面：第一，语言能力；第二，社会语言能力；第三，话语能力；第四，策略能力。学习者在学习外语的过程中，要学会用以上四种能力来提升自己的外语交际能力。实际上，母语交际能力会影响外语交际能力的发展。一方面，是因为人可以利用母语交际能力的正迁移来提升外语交际能力；另一方面，在母语交际能力负迁移的影响下，人的外语交际能力会受到一定的阻碍。这两种迁移都会影响人的外语交际能力的发展。

（3）从情感因素上看，影响外语学习的成败因素有很多种，其中包括外语学习者的学习动机、对外语文化背景的了解程度、性格特征等。

（4）从语言环境看，儿童在其生活环境中可接收到真实的语言输入，语言习得过程就是社会化的过程。而外语学习却是在一种不真实的环境中进行的，外语的输入质量远远比不上母语的输入质量，从而影响到外语的习得。

二、外语词汇教学的主要内容

外语词汇教学所教授的内容主要包括：词汇、词义、单词的发音和单词的用法等，即词汇教学可帮助学习者认识和掌握所学单词的各个方面。哈默（Harmer）认为，认识一个单词也就是了解它的意义、用法、语法等。哈默（Harmer）的观点得到了外语教学界的认可，教师在外语课堂上会将单词孤立出来进行单独讲解，以此帮助学习者掌握它。这种外语教学观点被人们称为孤立主义观点（词典观），与其相反的观点被人们称为联系主义观点（篇章观），联系主义观点认为单词本身不具备任何实际意义，只有将单词放置于现实的语境中，才能体现出它的存在意义。所以，持联系主义观点的专家学者提倡将单词放在实际语境中进行研究和学习，他们认为只有将单词组成语句，再将语句组成段落或篇章,才能充分发挥单词的特定意义,才能让学习者掌握它的用法。实际上,在母语习得的过程中人们常用联系主义,而在外语学习过程中一般会使用孤立主义。

三、外语词汇教学的最佳途径

母语词汇习得与外语词汇习得存在许多差异,母语词汇习得往往比外语词汇习得要容易很多,人们需要关注外语教学中的词汇处理,以便提升外语词汇的学习效率。

基于语言的本质特征和外语教学的特点,在外语词汇教学中,人们应该遵循这样几个基本原则:(1)系统原则;(2)认知原则;(3)文化原则;(4)交际原则;(5)情感原则。以下笔者将针对以上五种原则的含义和实践方法进行详细讲解。

(1)系统原则

语言由各种不同的子系统组成,其中包括词汇系统,它在语言系统中扮演着重要的角色。语言的各个系统之间存在着重要的联系,在外语词汇教学中,人们需要词汇之间的各种内在关系,例如,在聚合关系中,可以按照各个单词之间的关系帮助学习者掌握和记忆单词的意义关系;在组合关系中,通过对单词的搭配限制语句限制的分析来帮助学习者掌握单词的应用规律。各种不同的单词联想实验结果证明,从系统的角度进行外语词汇教学可获得良好的教学效果。此外还可将结构主义的研究成果充分应用在外语的语义和语音教学中。[①]

(2)认知原则

上述内容中也有关于认知原则的介绍,外语词汇的学习与母语词汇的学习完全不同,学习者通常是在已经掌握了母语知识且具备一定的认知能力以后才开始学习外语的,因此,学习者的母语知识和认知能力都会对外语学习产生一定的影响。所以,将母语知识与外语知识进行比较有一定的实践意义。此外,

---

① 张伟,赵耀,孙慧敏.外语教学方法与策略研究[M].长春:吉林大学出版社,2016.

相关研究表明，在语言交际中有两种不同的词汇，一种是实词，另一种虚词，这两种词汇具有不同的用途，因此，它们所涉及的错误形式也完全不同，实词一般会出现用词不当的错误，而虚词通常会在增减上出现错误。由此可见，人脑对这两种词汇的认知基础有所不同，在学习外语词汇时，学习者可采用不同的方式来记忆不同类型的词汇。

（3）文化原则

文化是语言的基础，词汇结构、词义结构以及词语搭配都与语言文化相关。外语与母语中两个相似的词，在文化意义上却有所不同，因此，在外语教学中，应注意区分那些看似相同却有很大文化差异的词，要充分了解词汇的文化背景，帮助学习者树立跨文化意识。

（4）交际原则

语言是为交际服务的，将语言应用于人际交往中是学习语言的主要目的，所以，应尽量为学习者提供真实的语境，以方便其学习和掌握外语知识。在词汇教学中，应充分利用交际原则，在讲解词义和词的使用特点时，要充分考虑语言的交际功能。

（5）情感原则

教师在教授词汇的过程中，要注意激发学习者的学习兴趣，端正学习者的学习态度，提高学习者的学习动机，帮助其克服学习过程中遇到的困难，这样不仅能提升教学效果，还能提高学习者的学习效率。

根据不同的教学目标和教学特点，可将外语词汇教学的方法分为两种类型：第一种是直接词汇教学；第二种是间接词汇教学。

直接词汇教学就是把词汇教学作为教学目标的一部分，对词的结构意义和用法进行分析、讲解和操练。间接词汇教学就是通过阅读和听力训练等，间接地扩展词汇量。这两种教学方法并没有十分清晰的分界线，主要看教师在教学过程中怎样应用这两种方法。

传统的外语教学会根据不同的学习阶段来安排词汇量，初级阶段要学习的词汇量最少，中级阶段要学习的词汇量适中，高级阶段要学习的词汇量明显增加。在外语教学中，通常要根据不同的学习阶段和不同的教学方法来控制词汇量，大多数学习者都采用死记硬背的方法记忆单词，研究表明，通过死记硬背的方式也能使学习者很好地掌握外语词汇，但要真正达到准确理解和使用单词的目的，还要进一步提升学习者的交际能力，在实践中学习词汇是最有效的方式，这就强调了间接词汇教学方法的作用。赫尼菲尔德（Honeyfield）指出，即使是一个刚学完3000个单词的勤奋学习者，在阅读一篇未做简化的文章时，依然会遇到一些并不常用的生词，但是这些词在文章中却具有非常重要的作用。因为词汇学习具有连续不断的特征，所以，通过上下文猜测生词的含义就显得非常有必要。

相关研究表明，随着外语水平的提高，学习者对"间接词汇教学"的需求会越来越大。从外语练习题或测试题中"完形填空"题的出现频率便能看出，学校应加强培养学习者在词义猜测方面的能力。

卡特（Carter）在讨论了词汇练习在培养学习者使用和记忆词汇能力方面的得失后，做出如下总结：

（1）在词汇教学中，应从理解与输出两个方面进行教学，同时应根据不同的策略来培养学习者的理解和输出能力，例如，设置完形填空的目的就是帮助学习者理解词汇；

（2）在学习外语的初级阶段，教师应想方设法帮助学习者理解和记忆单词，可借助声音或形象帮助学习者联想相关事物；

（3）在教学初期，教师应注意帮助学习者理解核心词汇，在词汇表中标出核心词；

（4）到了高级阶段，应注重培养学习者的输出能力，可通过语义联想来学习词汇；

（5）利用上下文内容理解相关词汇至关重要，这样可培养学习者学习外语的独立性；

（6）习语通常会出现在外语教学的各个层次上，可帮助学习者掌握输出惯例，这些包括一些词语的固定搭配和成语等；

（7）在话语中教词汇能提升学习者的输出能力，同时，也能使学习者了解词语在句法、语义和语用上的作用。

四、外语词汇学习与记忆

实际上,词汇是外语学习的重点内容,而怎样有效记忆词汇却是词汇学习的重点内容,由此可知,外语学习的重点是单词的记忆。

在中国的校园里,经常能从外语学习者口中听到"背单词"三个字,"背单词"对于中国的外语学习者来说具有一定的难度,由它可牵引出一个该怎样高效记忆单词的问题。心理学有关于人类记忆的研究,专家学者们试图破解人类的记忆之谜,关于记忆方面的研究成果层出不穷。如果在外语词汇教学中应用记忆方面的研究成果,必能促进外语教学的发展。

1. 外语词汇学习与记忆的分类

记忆在心理学中共有四种分类。

第一是根据记忆内容进行分类。主要分为情绪记忆、形象记忆、逻辑记忆和动作记忆。

情绪记忆主要以情绪和情感体验为主。情绪记忆可在大脑中保持很长时间,是一种不会被轻易忘记的记忆,它有可能是一种积极的记忆,也有可能是一种消极的记忆。从一定意义上来讲,任务法在得到心理学动作记忆和情绪记忆的同时,将不得不从理论上解决情绪记忆。

形象记忆的内容主要是人所感知到的内容,如眼睛看到的景物、舌头品尝到的味道、身体接触到的物品、耳朵听到的声音、鼻子闻到的气味等。在外语教学中,可充分利用图片、色彩、动画、物体、多媒体教具等,以此提高外语的教学效果。

逻辑记忆的主要内容包括词语、原理和概念等。这种记忆记住的是事物的本质特征和规律,它的特点是:概括性强、理解深刻、逻辑严谨。逻辑记忆是学习理性知识的一种重要手段,在人类的记忆中,它是一种比较独特的记忆形式。外语学习不仅需要感性知识作支撑,还需要有理性知识作支撑,因此,逻辑记忆对学习者具有积极的影响。到目前为止,各种外语教学流派都没能将逻辑记忆应用在教学中。

动作记忆主要是人做过的动作或运动,它的特点是识记速度慢,但是一旦记住就不会轻易忘记,可长时间保持在脑海中。

第二种是按照提取的信息进行分类。主要分为外显记忆和内隐记忆两种形式。有意识地提取信息是外显记忆，无意识地提取信息为内隐记忆。这种观点否定了外语课堂学习无法生成自动语言的猜想，肯定了课堂语言形式教学对学习者外语生成能力的培养所具有的重要影响。中国的外语教师在外语课堂上，并没有忘记关注外语的语言形式，尽管在外语知识与本体资源有机融合的时期，中国的外语教师也依然把外语的语言系统当作外语课堂教学的核心内容。假如中国的外语教师全盘否定语言形式教学所产生的重要影响，那么，这必定会影响中国外语教学的发展。我们认为，中国的外语教学要走一条全新的道路，即语言形式可有可无的道路。

第三种是根据情境和自我体验进行分类。可把记忆分为两种形式：第一种是语义记忆；第二种是情节记忆。前者指的是有组织的记忆，其主要特点是以语言为基础记忆信息，不受时间和地点的限制，具有较强的稳定性，且记忆的内容很容易提取出来。后者是对亲身经历过的事件的记忆，受特定时间和特定地点的限制，主要特点是记忆信息受特定情境的影响，记忆的内容不容易储存，更不容易提取。在外语教学中，任务法、交际法、情境法是个人对具体情境、时间、空间、事物的体验。如果要坚持采用以上方法记忆词汇，则应该考虑怎样有效地记忆语义这一问题，以便为外语词汇的学习提供便利。

第四种是根据记忆材料进行记忆，按照记忆材料的长短，可将记忆分为瞬间记忆、短时记忆和长时记忆三种形式。瞬间记忆又叫感觉记忆，指的是未被人注意到的瞬间出现的信息；短时记忆指的是在脑海中保留一分钟以上的记忆；长时记忆指的是在脑海中保留一分钟以上，或者保留一生的记忆。很明显，学习外语词汇需要长时记忆。据盖淑华的研究表明："在完成同一种任务时，词汇量多的学习者，在完成任务的过程中表现得更好一些。"由此可见，要提高学习者的语言应用能力，就需要先扩展他们的词汇量，而长时记忆则是词汇量得以扩展的前提条件。

以上内容可证明人的记忆对外语的学习尤其是对外语词汇的记忆具有重要的影响，要想充分发挥记忆的作用，使其为外语的学习提供便利，还需要对记忆系统进行深入的研究，在充分了解记忆系统的前提下，寻找出能够长时间记忆外语词汇的方法。

2. 外语词汇教学与记忆系统

记忆系统可将各种不同的信息记录到人们的脑海中，这个过程要经历许多不同的阶段，最终将各种信息长期储存在人的大脑中变成长时记忆。图 7-1 所示为记忆系统模式图。

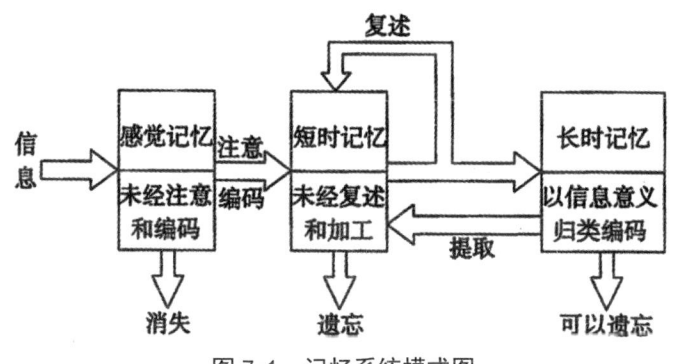

图 7-1　记忆系统模式图

记忆系统以信息输入为起点，当人们接触到外界信息时，信息便会被大脑以各种不同的形式记录下来，记忆系统便开始发挥作用，如图 7-1 所示。记忆系统从感觉记忆开始，这种记忆虽然只有短短的一瞬间，但就是因为这短短的一瞬间，便决定了记忆系统中会不会保存这些信息，没有被注意到的信息会很快从我们的记忆中消失；而被人们注意到的信息便能够进入短时记忆阶段。在短时记忆阶段，假如我们注意到某些信息的时间不足一分钟，且没有经过复述或再加工，那么这些信息很快便会被人们遗忘掉；只有那些经过复述和再加工的信息，才会在人的脑海中长期保存下来，这些信息就会进入信息系统的第三阶段——长时记忆。长时记忆阶段所记忆的信息，会以编码的形式储存下来，这些信息能在大脑中存留 60 秒以上。那些没有被反复应用或复述的信息很快便会被遗忘；只有那些被反复应用或复述的信息，才能长期留存在人的脑海中。

对比记忆系统的运行原理，不难发现，有些外语教学理论具备一定的科学性，例如，语言输入理论就与记忆系统的输入原则相符，那些与语言输入理论不符的教学方法或教学理论，都会影响学习者的学习效率。又如听说法的训练，在外语学习中提出的"精讲多练""熟能生巧"等学习方法，应用的就是记忆转变的规律。记忆系统的运行原理对外语教学的发展带来积极影响的同时，也带来了严峻的挑战。当前中国外语教学在发展过程中面临的主要问题是怎样开发和利用与人类记忆规律相符又具有实践意义的教学方法。

3. 外语词汇学习与记忆规律

要想解决上述问题，就应先对整个记忆系统进行深入了解，明白其中的细节问题，针对不同的细节有目的地解决问题。这些细节问题主要包括：学习程度、遗忘规律和识记的目的等。

（1）外语词汇的学习程度

尽管遗忘是记忆的必经阶段，但是遗忘速度与遗忘程度都能得到适当调节，据相关研究表明，学习程度直接影响着记忆的程度和保持时间的长度。学习程度通常可分为三个层次：低度学习、中度学习和过度学习。卢埃格尔（Lqueger）是德国的心理学家，据他研究，当人的学习程度达到过度学习程度的150%时，记住的内容最多，记忆的效果也最佳。图7-2所示为学习程度与保持量的关系图。

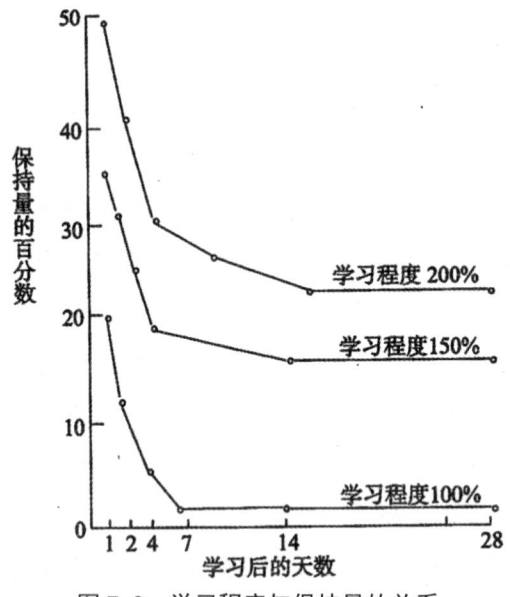

图7-2 学习程度与保持量的关系

根据以上研究结果可知，在学习外语词汇时，可适当加强词汇的学习力度。对于那些需要学习者掌握的词汇，最好能够达到150%的过度学习程度。学习者需要在不用提示的情况下背诵单词，以便所学单词能在记忆中保持更长时间。

（2）外语词汇的遗忘规律

记住单词以后，学习者应该注意的问题是，怎样长期将其保存在记忆中，要想解决这个问题，就需要与遗忘做长期的斗争。图7-3所示为艾宾浩斯遗忘曲线，从图7-3中可以看出，遗忘在记忆中是一个必经阶段，遗忘的特点是先快后慢。

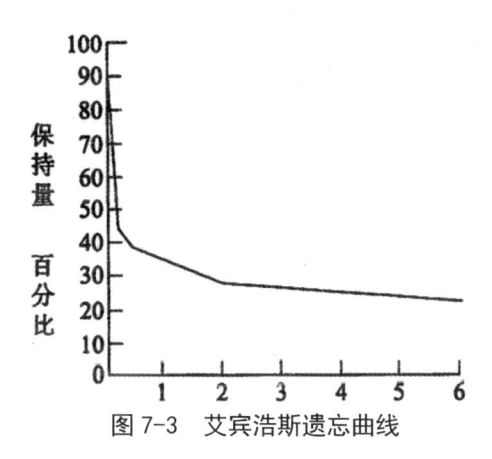

图7-3　艾宾浩斯遗忘曲线

如果想要词汇信息长期保持在脑海中，就需要不断重温词汇信息。针对遗忘先快后慢的特点，学习外语词汇一定要遵守复习和经常复习的原则。

及时复习可使很多信息长时间保持在人的脑海中，避免出现信息内容在较短的时间内丢失的现象。在19世纪，俄国教育家乌申斯基（Ushinski）认为："记忆就像一座建筑物，等到它快要崩塌的时候再去修复，则与重建没有太大区别，即便是及时修复后，还要不时地复习"。德国哲学家狄慈根（Dictzgen）也说："重复是学习之母。"复习一般要"先密后疏"，考前集中复习，平时分散复习，用科学合理的方式安排复习时间。中国的思想家、教育家孔子曾经也说过："学而时习之"。在复习知识时，可选择各种不同的复习手段和复习方法，同时要进行反复记忆，以此获得良好的复习效果。在复习过程中，要把知识系统化，还要利用联想把之前学过的知识和新学的知识结合在一起共同复习。复习过程中还要通过对新信息的理解和识记过程来复习以往的知识。在识记新内容的过程中，学习者不仅能记住新的内容，还能对旧知识进行复习，可谓一举两得。也就是说，在旧知识的理解与应用的基础上，进行新知识的掌握，并记忆新知识，从而达到事半功倍的效果。交互使用以上两种记忆方式，对学习者记忆外语词汇可产生积极的影响。

（3）外语词汇的目的性

从记忆系统的模式图中可以看出，信息输入是记忆的起始阶段。就记忆的客体来看，信息是记忆客体；就记忆的主体来看，信息输入是保持和回忆的基础条件。所以，识记效果对记忆系统来说具有重要的影响。据相关研究表明，有意识的识记比无意识的识记效果要好很多，信息在脑海中保留的时间更长。教师可根据这一理论，帮助学习者在记忆词汇时，进行目的性较强的识记。在外语词汇教学中，教师可设置各种不同的教学活动和教学任务，从理论与实践上帮助学习者加深对单词的记忆，提升单词的识记效率，从而使学习者获得良好的外语学习效果。

第四节　外语听力的提高

最近几年，关于外语听力的训练项目呈现出逐年增加的趋势，听力训练不仅出现在外语课堂上，还出现在日常的交际活动中，这对外语教学的发展起到了良好的推动作用。因此，有关听力教学特点和方法的研究也有所增加，人们重点关注的问题是：（1）哪些因素会影响听力理解？是怎样影响的？影响的程度如何？（2）采用哪种学习策略可以大幅度提升外语听力理解能力？采用哪种方式来训练学习者，使其获得这种学习策略？

对于第一个问题的研究，从研究结果来看，人们一直认为下面几方面因素可对听力理解造成影响：（1）听力任务的特点；（2）听力材料的特点；（3）说话者的特点；（4）听话者的特点；（5）听力过程的特点。

对于第二个问题的探讨，人们一致认为两种策略可对听力理解产生影响：（1）认知策略；（2）元认知策略。将这两种策略同时应用在外语听力训练中，对于学习者来说，可有效提升他们的听力理解能力。

一、影响听力理解的因素

（一）听力材料的主要内容

听力材料本身的内容会影响听力理解，听力材料的内容包括：词汇、句法、语音、时间变量等。

格里菲思（Girffths）认为语速、停顿和迟疑这三种因素可影响听力。

众所周知，语速会对听力造成很大影响。语速太快，听话者来不及反应所听的内容，进而影响其对听力内容的理解；语速太慢，会给人一种虚假的感觉，容易使人感到厌烦；语速适中，可给人一种舒适的感觉，同时便于听话者理解听力内容。但需要注意的是，不同国家、不同民族、不同年龄、不同性别、不同语言的说话者对语速的理解又有所不同。据相关研究表明，外语本族语使用者的正常语速是每分钟165～180个单词。还有研究表明，不同的场合的正常语速标准也不同。例如，美国人在讲座上每分钟要说140个词；在广播中的语速为每分钟190个单词；在日常生活中的语速为每分钟210个词。

格里菲思（Girffths）的研究表明，每分钟200个单词的语速，会影响中下水平学习者对说话内容的理解，他们较能接受每分钟127个单词的语速，此时他们的理解正确率最高。此外，还有研究表明，每分钟为145～185个词的语速，对学习者的理解能力并不能造成很大影响。这足以证明，在听力过程中，语速并不是唯一的影响因素。

还有相关研究表明，迟疑与停顿对听力具有积极的影响。对此，沃斯（Voss）给出了完全相反的观点，他以自然对话材料为基础进行研究，随后便给出了迟疑和停顿会使学习者的注意力受到影响的结论。

沃斯（Voss）认为，重复使用停顿词会对非本族语使用者造成一定误导，使他们不能正确理解话语信息。沃斯（Voss）发现，重复使用停顿词并不会影响本族语使用者对话语信息的理解，这主要是因为他们具备辨别和理解这种停顿现象的能力。与话语理解无关的语段通常会影响非本族语使用者，而本族语使用者却丝毫不受影响。

从话语材料的感知角度上看，话语的感知单位可对听话者造成一定影响。通常情况下，本族语者在听的时候所感知的是单个的词，非本族语者在听的时候感知的是整个句子。

有一部分学者认为，初学者很难理解听力内容，主要是因为，很难听到十分完整的语句，缺乏音位能力和处理信息的能力。

还有部分学者发现，(1)假如，听话者对某种语言系统的特点非常熟悉，那么，他就可以充分利用这方面的知识来补偿信息标志的缺失；(2)假如，学习者的外语知识水平不高，那么，他就无法利用这方面的知识来弥补信息标志的缺失。

听力也会受到重音和节奏的影响。在不同话语中，重音所起的作用不同。有些语言中的重音意义不同，如果学习者母语中的重音没有任何区别，那么，在听力过程中，会产生一定的困难。

人们还对听力材料在词法和句法变化上产生的影响感兴趣，不同的研究者对于简略哪种句法可提升理解率的问题持有不同的看法。主要在两个方面存在异议：(1)本族语者对句法的消减是否有意义？(2)在听话者的要求下，对听力材料进行改动，改动的意义大不大？

肖德龙（Chaudron）对不同水平的本族语使用者，进行了句法变动方面的研究，研究结果表明，人们更容易辨别和回忆以名词重复的形式出现的信息。

此外，有人专门针对中上等水平和低等水平的学习者听学术讲座的情况进行了详细的研究，发现句法改动对中上水平的学习者具有积极的影响，但是对低等水平学习者的影响并不大。

很多研究结果都可证明，很多因素都能影响学习者对听力材料的理解，这些因素主要包括：学习者的语言水平、背景知识、材料类型等。因为缺少评价语言水平的标准，所以，并不能确认研究结果是否真实可靠。

信息冗余度对不同学习者的听力理解的影响也不同，利森（Glisan）认为，语言水平高的学习者可很好地理解经过长句子改编过的短句，而语言水平一般的学习者则不然。他认为，语言水平较高的学习者，能够根据解释性的内容或者冗长的信息来理解听力材料；语言水平较低的学习者在遇到复杂的句型时，会感到无所适从，增加他们的听力负担。

部分研究者还专门针对词序和话语标记进行了深入的调查，研究发现，宏观标记比微观标记更有利于听话者回忆讲座内容。或许小标记太多的话，可能会对整个讲座造成影响。

从听力材料的类型和听力理解的关系来看，口语材料往往比书面材料的句法要简单一些，因此，相对于书面语言来说，口语就显得更容易理解一些。

肖哈密（Shohamy）对三种不同材料进行了实验：事先准备好的新闻稿；由交流构成的对话内容；由书面笔记构成的讲座。受试对象是中国的外语学习者，从最终结果来看：新闻稿件的难度最大，讲座的难度适中，对话则相对简单一些。

此外，根据经验得出一个结论，按照时间顺序对材料进行描述比不按照时间顺序进行描述要容易很多，人们更容易理解按照时间顺序描述的内容。

研究证明，视觉支持更容易让人理解听力内容。鲁宾（Rubin）认为，在视频辅助下学习外语的效率要高于没有视频辅助的学习效率。他指出，如果用视频为学习者提供处理信息的线索，那么，可帮助其快速理解听力内容。

赛克斯（Secules）等人将学习外语的二年级学生分为两个不同的学习小组，通过观察两个学习小组在课堂上的表现，来考察视频对听力理解的影响。两个学习小组分别被命名为控制组和实验组，控制组采用句型练习、发音练习、阅读练习和交际练习等方式来学习外语，实验组采用观看、理解、讨论视频内容以及书写练习、交际练习、结构练习的方式学习外语。从最终的研究结果来看，实验组学习者的表现明显好于控制组，实验组听力理解的成绩高于控制组。实验组在回答与主题思想、细节、推理有关的问题时明显比控制组好。

还有学者在研究如何采用视频帮助学习者提高听力成绩时，发现视觉支持所起的作用与学习者的语言水平有着非常密切的联系，学习者的语言水平越高，视频所起的作用就越大；学习者的语言水平越低，视频所起的作用就越小。此外，听力材料也会影响听力效果，假如听力材料的难度小，学习者可以不借助视频就能听懂材料内容；假如听力材料的难度较大，则会影响学习者理解其内容。

（二）说话者

关于说话者影响听力的研究并不多，马卡姆（Markham）针对性别与说话者的信服力对听力理解的影响做了研究，研究结果证明：（1）中等和高等程度的学习者，更容易回忆非专家男性说话者所说的内容；（2）学生在听女性专家说话时要比非女性专家说话时的表现好很多；（3）高等程度的学习者更容易回忆男性专家的讲话内容。因此，马卡姆（Markham）认为性别特征和信服力都是影响外语学习的重要因素。但是，这也与文化背景有关，不同文化背景的人，在实验中的表现有所不同。

（三）听力任务

听力理解的过程与听力理解任务的类型有着密切的关系，学习者在面对不同类型的问题时具有不同的表现。

肖哈密（Shohamy）发现，学习者在回答有具体线索的问题时要比没有具体线索的问题时的表现好很多。很明显，搜寻特定信息要比概括推理更加容易一些，低年级的学习者在面对这两种类型的问题时表现得更加明显。但凡能够正确回答整体性问题的学习者，在回答细节性的问题时也没有任何困难，但是，能够回答细节性问题的学习者，在回答整体性的问题时，却不一定能回答正确。

（四）学习者

听力理解受多种因素影响，主要影响因素包括：语言能力、记忆力、情感因素、知识储备等。相关研究表明，学习者记忆外语的时间要比记忆母语的时间短很多。伴随外语水平的提升，学习者能够成功处理的外语数量也随之增加。因此，学习者整体的语言水平以记忆时间的长度为标准。在注意力方面，程度低的学习者在遇到不理解的句子或没见过的词汇时，一般会有所选择地听，或者干脆就不听了。

在听力教学中，学习者的自信心以及文化背景也可影响听力效果，学习者一般都对自己熟悉的话题感兴趣，且对熟悉话题的理解程度要高于不熟悉的话题。

二、外语教学中听力的主要特征

（一）听力教学的历史定位

很多年前，在中国的外语教学界，人们最常议论的是听、说、读、写、译这五项语言技能，随着社会的发展，在社会实践活动中，外语的直接应用范围和应用深度不断加深,而外语翻译的应用比重却呈现出逐渐缩小的趋势,此后,中国外语界也遵循二语教学的模式,只发展学习者的听、说、读、写这四项技能。作为语言应用技能,无论是哪一项技能,听一直都放在首要位置,这实际上就是语言活动规律的真实写照。

从母语习得过程来看,听是人的第一语言活动。从降生的那刻起,人就开始直接用耳朵来听语言,听了很长一段时间后,人便开始说话,再后来,人就开始学习阅读,最后才学习写字。外语学习可能也要经历同样的过程,尽管大多数学习者依然从读开始学习外语。

改革开放以后,中国社会便发生了翻天覆地的变化,外语的应用范围逐渐扩大,中国社会对外语人才的需求也急剧增加,其中,对外语口语人才的需求量大于对外语书面人才的需求量,为了满足社会的需求,外语教育的重心开始发生转变,开始从读写训练转向听说训练。中国社会的这种变化,刚好又与20世纪70年代国际上的外语变化形势相差不大。布朗(Brown)曾对此发表过自己的看法:"在过去的二十年里,外语教学领域发生了重大改变。70年代初期,口语的地位还在书面语之下,而如今,口语教学的重要性已远远超过书面语,且具有非常雄厚的群众基础。出版业也把大量的资源和精力都应用在口语教材的编写上,'学习外语首先要学会口语'这一观点,也得到了广大人民群众的认可。即便是学习外语的目的是训练读和写的能力,这种观点也同样适用。[①]因为外语口语教学的改革,外语口语教学中出现的诸多问题,得到了理论研究与实践研究等多方面的支持。"

(二)听的心理机制

听和读都属于语言能力,在听的过程中,听话者会对语言信息进行解读。胡春洞将这一过程分解为三个方面:"分析综合""预测筛选""印证修正"。

"分析综合"从听到声音开始,最初是感知声音,然后对声音进行识别,识别之后便开始理解语言信息,最后将自己对信息的理解存入记忆系统中,与

---

① 李敏,程红霞,王蓉.高校外语教育与研究文库新课程理念下中学外语有效教学的原则、策略与案例分析[M].武汉:华中科技大学出版社,2015.

此同时，在记忆系统中将新接收到的信息与以前的信息整合在一起。分析综合的起点有两个，但是它没有明确的终点，因为后来接收到的信息会在先前信息整合的基础上进行重新理解和重新整合。

"预测筛选"指的是在听的过程中，听话者会根据说话环境、背景知识等预测自己将要听到的语言，从而判断出说话者想要表达的意思。而"筛选"则是听话者选择性地听取别人的话语，关注重要的语句，忽略不重要的语句，集中注意力听取自己感兴趣的话题。

"印证修正"就是将实际听到的内容与预测到的讲话内容进行比较，如果讲话内容与预测的内容相差不大，听话者就会有意识地将这些内容储存在脑海中，并将其作为理解下一步内容的基础；如果预测的内容与实际听到的内容相差甚远，则需要更正自己的预测结果，并进行下一轮的预测与印证。

需要注意的是，听的过程其实就是输入信息、理解信息、预测结果以及肯定和否定预测结果等心理活动的过程，这个过程并不简单。上述内容只是一种大致的猜测，截止到现在，人类还没能真正了解大脑中的真实情况。

（三）听的过程特征

听的特征有很多种，其中主要包括：即时性、同步性、及时反馈性、短暂性、听说轮换性、提示帮助性、情境制约性等。

即时性：这一特征表明，听的过程是一个随机性的过程，这个过程通常是不能提前计划、预演和练习的。根据听的这一特征，在教学过程中，要注意培养学习者随机应变的能力。

同步性：这一特征表明，"听"与"说"是同时发生的，有"听"就一定有"说"，但有"说"不一定有"听"，因此，"说"是"听"的前提条件。基于听的这一特征，听力教学中非常注重"说"的内容与"说"的方式，同时也说明了听力教材在外语教学中是不可或缺的。

及时反馈性：这一特征指的是在日常交流过程中，听话者及时对听到的内容进行反馈，可以采用语言的形式进行反馈，也可以采用身体语言或面部表情等方式进行反馈。外语听力教学也受到了这一特征的启示，在听力课堂上，要求学习者集中精力听说话者的话语，及时理解他人话语的意思，并对其进行及时反馈，并通过这种方式来调整说话者的话语，例如，让说话者重复上一句话、解释自己不理解的话、肯定或否定自己所说的话、暂停讲话或继续讲话、大声或小声说话等。

短暂性：这一特征指的是话语出口后，瞬间即逝。也就是说，一般情况下，说话者口中的语言在说出的时候就要被听话者听到，不然的话，话语会随着声音的消失而消失，即便说话者再说一遍，这句话也只是上一句话的复制语句。外语听力教学在这一特征的启示下，要求学生集中全部精力，及时捕捉所听到的语言，以此提升学习者的听力理解能力，否则的话，听力理解能力则很难得到提升。

听说轮换性：因为人际交往活动具有互动性特征，所以，在日常的交流过程中，听话者不仅要扮演一个听的角色，还要扮演一个说话者的角色。听说轮换性与及时反馈性有所区别，听说轮换性特征表明，听话者此时的主要目的并不是听懂说话者的意思，而是要转换话语权，想要以此表达自己的想法，并让前面的说话者听听自己的想法。听话者转换角色，变为说话者，说明他参与语言活动的积极性有所提升，不再局限于"听"的范畴，而是进入一种更加积极的交际状态中。这一特征对外语听力教学的启示是，提升听力理解能力不仅能通过"听"来训练，还可以通过"说"来训练，学习者除了采用听录音、听广播、看电视等方式来提升听力理解能力以外，还可以通过与人交流的方式来训练听力理解能力。将听与说相结合或许是一种行之有效的听力训练方式，在训练听力的同时，还提升了学习者说的能力。可谓一举两得。

情境制约性：听一般都是在特定的时间、地点以及特定的状态下发生的，而这些特定的因素又是构成听话情境的重要因素，这些情境中的细节对话语内容可产生较大影响，同时还能为听话者提供许多帮助其理解语言内容的信息。学习者应充分了解这些情境细节，并从中寻找能帮助自己提升听力理解能力的线索。这一特征对外语听力教学的启示是，应尽量为学习者营造一个良好的学习环境，并让其在这种环境中训练听力理解能力，与此同时，还要及时引导学习者构建语言情境意识，让学生在真实的情境中，提升自己的听力水平。

提示帮助性：这一特征与情境制约特征有着非常密切的联系，在发生语言活动的周围环境中，会有各种各样不同的信息能为说话者提供语言线索。与此同时，说话者在说话时所做的肢体语言或面部表情等都能向听话者传递某些信息。教师在外语听力教学中，应引导学习者观察周围环境中的细节以及说话者在说话过程中所做的肢体动作和面部表情。通过各种提示信息，帮助学习者提升对所学语言的实际应用能力。

很明显，了解以上关于听的过程的特征，不仅能帮助学习者提升外语听力理解能力，还能帮助教师加深对听力教学的认识，使其更加从容地面对听力教学中的难题。

三、选择听力材料时应遵循的原则

在中国外语教学史上，有一段时期教师不需要选择听力材料，主要原因是当时的外语教学不包括听力教学环节，或者是外语教学全部采用全国统一的教材，并采用全国统一的教学方法和考试模式。值得庆幸的是，这段历史已经离我们远去，现如今，人们已经意识到听与说在外语教学中具有同等重要的地位，外语教材也得到了规范，教材内容变得更加丰富多彩，教学形式也发生了重大改变。外语教师的日常工作也增加了一项内容，即选择外语教材。面对浩瀚无边的知识海洋，外语教师应该参照哪种原则来选择外语教材呢？对此，理论界进行了深入的研究，最终从教学法角度总结出七种原则：第一，难易适中原则；第二，多样性原则；第三，内容适用原则；第四，语言真实性原则；第五，成功性原则；第六，多多益善原则；第七，学得与习得相结合的原则。以下内容是关于以上七种原则的详细介绍。①

（1）难易适度原则

所谓难易适度原则，就是要求教师在选择听力材料的过程中，注意选择难度适中的听力材料，难度不能太大，也不可太过于简单，与学习者的外语水平相差不大即可。假如听力材料太难，学生根本不理解里面的内容，会使其自信心受到严重打击，长此以往，这种不自信的感觉就会郁结于心，最终导致学习

---

① 王丽捷，刘冰主．外语教学方法与策略研究[M]．北京：现代出版社，2014．

者失去学习外语听力的兴趣，甚至会感到无比自卑。假如听力材料太简单，对于学习者来说不具备任何挑战性，久而久之，学习者就会觉得自己已经掌握了这方面的知识，对教师组织的学习活动不感兴趣，尽管他们不会对自己失去信心，但一定会对外语教师不屑一顾，不再愿意听他们的课。因此，外语听力教材的选择应该遵循难易适中的原则，不宜太难，也不宜过于简单。

现在，我们在这一方面又面临了一些新的问题：怎样判断外语教材的难易程度呢？何为难易适中？关于这些问题，克拉申（Krashen）与特雷尔（Terrel）给出了一个经典的答案，即比学习者现有水平高一层次的可被学习者理解的学习材料，可被认作是难易适中的学习材料。

（2）多样性原则

多样性原则指的是外语听力材料应具备多样性特点。这里所说的多样性不仅包括形式上的多样性，还包括内容上的多样性。根据听力材料的分类可知，在现实生活中，有许多不同形式的听力活动，应将现实生活中真实的语言活动应用于外语听力课堂上。因此，在选择外语听力材料时，不仅要选择独语材料，还要选择多人对话材料。在外语听力材料的内容选择方面，更需要充分考虑学习者的兴趣爱好，尽量满足学习者关于听力内容方面的不同需求，选择主题和体裁样式丰富的听力材料。

（3）内容适用原则

内容适用原则指的是选择符合学习者兴趣和需求的外语听力材料。只有符合学习者兴趣爱好的、是学习者喜欢的、具有实践意义的、在现在或将来会用到的听力材料，学习者才会集中注意力用心地听这方面的内容。学习材料对学习者具有一定的影响，从教学的角度来看，学习材料中如果涉及过多与学习无关的内容，则会影响学习者的学习进度，甚至会使学习者失去学习兴趣。过去，外语教学界经常把宏观教育内容与微观教育内容结合在一起，在社会飞速发展的今天，这种做法显然已经跟不上时代发展变化的脚步，因而逐渐被淘汰掉。学科教学有其自身的特色，假如在学科教学上安排非学科教学的任务，不仅会使学科教育的负担加重，还会使学科教学的发展受到很大影响。对于这一点，中国的外语教学界持有各种不同的观点。或许，怎样处理外语学科教学内容与社会宏观教育理念的关系，在中国的教育体制下，会是一个难解的课题。

（4）语言真实性原则

语言真实性原则指的是听力教材中的语法和发音要符合标准。外语理论界对于外语语言真实性原则的界定，存在很大争议，他们认为真实性原则与外语教学的实际情况有很大差异。多数人认为，外语学习材料要先从非真实性材料逐渐过渡到真实性材料，人们普遍认为，在外语学习初期，采用符合标准的教学材料，可大幅度提升学习者的学习效率。

（5）成功性原则

成功性原则指的是选择可以使学习者获得成就感的教学材料。在使用听力材料的过程中，无论是使用哪种形式与哪种内容的听力材料，都需要为学习者提供战胜困难和挑战使其获得自信心与满足感的机会。要使听力材料产生这样的效果，就应该在听力材料的选择上下功夫，选择一些难易程度适中、内涵丰富、语言流畅、内容实用、节奏感强的听力材料。

（6）多多益善原则

假如说从质的角度来考虑，应根据难易程度适度的原则来选择听力材料，那么，从量的角度来考虑，则应该按照多多益善的原则来选择听力材料。学习语言要经历一个从量变到质变的过程，假如没有足够的量变，是不可能实现质变的，也就是不可能实现从语言学习理解到自如应用语言的转变过程。在语言学习过程中，学习者需要接触大量语言材料，只有这样才能丰富自己头脑中的语言知识、提升自己的语言技巧、获得较强的外语语感，从而使自己的语言应用能力得到提升。由此可见，要想学好外语必须要积累大量的语言知识，除此之外，没有其他办法。所以，在选择听力材料时，需要按照多多益善的原则来选择。

（7）学得与习得相结合原则

在外语学习过程中，学得的意思是指有意识地专门学习外语知识和训练外语语言技能，习得的意思是在生活、工作和学习中无意识地获得外语知识、语言技能和语法知识。学得与习得相结合原则要求不仅要选择供学习者专门学习的单词、语法等听力材料，还要选择供学习者欣赏、娱乐等的听力材料。

上述几个原则只是听力材料在选择时应遵循的理想原则，实际上，在教学过程中，教师一般都使用学校选择好的教材。但是，不管采用哪种听力教学材料，教师都应该注意三个方面：第一，所选听力材料适合学习者使用；第二，所选听力材料与实际教学情况相符；第三，所选听力材料可帮助学习者提升外语听力水平，有助于学习者获得长远的发展。

第五节 丰富外语阅读范围

阅读对于外语教学来说至关重要，所以，古今中外的众多专家学者对外语阅读教学进行了深入的研究，得到了众多不同的理论研究成果，同时也获得了丰富的实践经验。虽然，有很多专家学者提出外语教学应改变以读和写为主的现状，转变为以听和说为主的新型教学方法，而且，中国的外语教学也进行了深入的改革，重点突出了外语听和说能力的重要性，但是，在新的教学形势下，阅读依然在外语教学中占有重要地位，依然发挥着重要作用。因此，在中国的外语教学中，阅读的重要地位是不可撼动的。

一、阅读过程特点分析

古德曼（Goodman）和史密斯（Smith）在20世纪的60年代末期，提出了"自上而下"的阅读模式，这种模式以概念理论为基础，提出：在阅读过程中，阅读者根据大脑中已有的句法知识和语义知识来预测阅读材料，并在阅读过程中加以证实和修正。由此可见，阅读材料实际上是对语言知识的实践和实现。

随后，有人提出了"自下而上模式"。这种模式强调语言材料的输入，阅读者最先学习字母和单词，然后不断融合所学的知识，逐渐完成阅读任务。这种模式遭到许多人的质疑，因为他把阅读过程当作一种语言知识的应用活动，没有注意到语境因素对阅读过程的影响。

据相关研究表明，优秀的阅读者无须上下文信息就能完成辨词活动，对他来说辨词过程是自动的，他的注意力放在语言信息之外。

鲁梅尔哈特（Rumelhart）在1977年发表了一篇文章，文章名为《论阅读的相互作用模式》，文中提道：阅读过程是一种相当复杂的过程，这一过程实际上也是对各种语言知识的应用过程，单一的语言知识是不能帮助学习者真正理解阅读材料的。

1980年，斯坦诺维奇（Stanovich）提出阅读能力的层次模式，他认为词语识别、语境知识、句法分析等几种因素可对阅读过程造成一定影响。阅读时，不同因素之间可产生相互补偿的关系。斯坦诺维奇（Stanovich）提出的利用一切可能因素协调阅读理解的理论促进了外语理论教学的发展。

每个人对语境知识的理解都不同，根据语用学等学科的理论，语境知识实际上包括语用规则和世界知识。杰弗里·利奇（Leech）提出，语言交际过程实际上就是一种不断解决问题的过程，它将人际交往的修辞理论应用于阅读理解中，可以这样理解阅读过程：阅读材料的作者所想的是，为阅读者提供某种信息，并让这种信息保留在阅读者脑海中，他需要采用什么方式来达到这种目的；而读者面临的问题是，作者写了什么内容，他想通过那些话表达哪种意思。所以，作者和阅读者在通过写和读实现交际的过程中，都需要经历一个编码和解码的复杂过程。

世界知识对阅读理解具有重要的影响，据相关研究表明，如果不在计算机中置入一些世界知识，则无法帮助计算机理解自然语言。在阅读一些有歧义的文章时，阅读者可依靠自己的背景知识和个人经验来加深对语言信息的理解。据相关研究表明，由于文化背景上的差异，阅读理解上的错误通常具有系统性。也就是说，文化背景上的不同、价值尺度上的不同、语言思维模式上的不同以及语言修辞习惯的差异，都会对语言信息的理解造成很大影响。

所以，从目前来看，能被多数人接受且与阅读行为相关的观点是：阅读活动是一种多种因素作用、多向交流与反应的复杂解码过程，主要依靠语言文字、世界知识等对其进行解码。语用知识与人际交往修辞规则和语篇修辞原则有很大关系，对阅读过程有影响的因素都处于不同的层面上，每一种因素都可能对另外一种因素造成影响，从而使阅读材料的理解既快速又准确。

二、外语阅读与母语阅读不同特点比较

通常情况下，学习外语阅读的学习者，已经具备了母语的阅读能力。这里主要涉及几个理论问题：语言阅读能力是否发生正迁移？如果发生了正迁移，那么其迁移程度如何？处于哪种层次上？在外语阅读理解中，应注意训练哪方面的能力？

根据语言的功能理解，人们掌握语言，主要有以下几点重要作用：指示、辩论、表达、描述和元语言。所有能使用母语的人都能运用语言完成上述功能；任何语言都能实现上述功能。假如一种语言知识和能力作为一种知识系统储存在大脑里，学习其他语言就意味着在大脑里储存另外一种知识系统。格式塔理论表明，新知识的输入要以原系统为立足点，原有系统一定会影响新系统，或者说，原系统或多或少会成为新系统的一部分。阅读能力产生迁移是一种必然结果。错误分析显示，外语学习者在语音、语法、语用等各个不同的层次上，受到母语知识的影响而呈现出系统偏差，说明迁移已经发生，且在不自觉地进行中。由于语言功能具有普遍性特征，语言手段和运用语言的手段也具有一定的普遍性。所以，语言能力一定会产生正迁移。据相关研究表明，外语阅读能力强的学习者，其母语的阅读能力也很强。但是，这两种能力并不能反过来说，因为母语阅读能力强的人，外语阅读能力不一定很强。①

语言能力和语言技巧的正迁移会受到一定的限制，它通常发生在语言规则和语用原则上。语言差异越小，文化背景知识差异越小，那么它的正迁移就越大。就中国学生学习外语来说，外语的文字符号、语法规则、语用原则等都与母语有着很大区别，这些因素必然会影响阅读理解的速度。从一种书写方式转变为另一种书写方式，会在视觉反应和大脑信息接收方面产生困难。这一阶段的任务是让学习者先熟悉这一过渡和转变，然后逐渐增加其视觉接收的范围与速度，最后提高其对英文字符的反应速度。另外几种困难也可以通过这种独特的方式来解决。

---

① 陈辉. 大学外语教学策略与学习方法探究 [M]. 长春：吉林出版集团股份有限公司，2019.

母语阅读能力和阅读技巧不足会影响正迁移，影响外语阅读能力的提升速度，中国的学习者在这方面的问题更加明显。国内的语文教学主要以语言知识的传授为基础，语文课堂注重培养学生的思想品质，注重对学生进行情感教育。语言知识的讲解局限在词语运用、修辞手法和谋篇布局上，由此可知，学生外语阅读能力的培养基础相对来说比较薄弱，还有待进一步发展完善。

此外，外语学习者的情感因素（学习态度、学习动机、性格特征等）也可对阅读过程产生较大影响。关于情感因素的影响，前面已经讨论过，这里不再赘述。

在外语阅读过程中，还有一些更加常见的情感因素会对阅读过程产生影响，例如，忧郁、高兴等情绪都可对阅读理解造成影响，所以，在外语阅读教学中，教学成功的一个重要因素是正确引导和控制学习者的情绪，增加学习者学习外语的兴趣，调动其对外族文化、阅读材料的学习兴趣，使学习者以最佳的心理状态学习外语知识。

三、外语阅读教学材料的选择标准

20世纪50—60年代，外语教学在行为主义的影响下，被当作一种行为习惯不断强化的过程，阅读教材往往是为满足某种特定语法教学的需要，而编写的分级阅读材料。在过去的十年里，尽管人们非常重视训练阅读技巧，但是，人们也没有忽略阅读材料的可接受性问题。以前外语界争论的主要问题是：阅读材料的难度是受词汇的影响，还是受结构的影响。

实际上，阅读材料的难易程度只是一种相对的说法，它受阅读者自身的阅读能力和阅读技能的影响。一个ESP学生在阅读其专业以内的材料时，不存在词汇方面的困难，但是他会遇到来自结构方面的困难。在阅读同一种材料时，一个非专业的人在阅读过程中，往往会遇到词汇方面的困难。同样的道理，一个中等水平的外语阅读者，在阅读一份对他来说比较陌生的材料时，通常会遇到更多来自词汇方面的困难，并非结构方面的困难。[①]

---

① 牛强．认知二语习得理论本土化研究中国外语教学认知策略[M]．长春：吉林大学出版社，2010．

第七章 新思维下外语教学交际能力的养成

在处理学习者所遇到的困难时，通常会采用以下几种办法或建议：第一，在材料后面附一张词汇表；（2）建议查询词典；（3）建议根据上下文猜测词义。我们认为这几种办法不存在任何矛盾，在处理不同的材料时，人们可以采用不同的办法。即便在处理词汇方面的问题时，也可以运用人的主观能动性，有针对性地选择处理问题的方法。阅读者在遇到词汇方面的困难时，可以先根据上下文猜测词义，实在猜测不出来的话，右边就是这个词的英文注释，既简单明了，又方便查看，比材料后面的词汇表还要实用。

有一种最佳的解决词汇困难的办法，即增加阅读量。有人建议对结构方面的困难进行控制，也就是将结构方面的困难分为不同的级别，在实际阅读中，由阅读者本人对其进行分析。

目前，阅读者在外语阅读教学中有可能会遇到语言方面的问题，首先，将阅读者在实际阅读中可能遇到的困难确定下来，然后想办法帮助其解决困难。一般人对阅读材料进行词汇和句法上的控制持反对意见，他们认为教材编写者与教师应将注意力放在材料与阅读者的关系上，并以此来预测问题出在哪里，并根据实际情况寻找解决问题的办法。总而言之，在编写阅读材料时，应将注意力集中在材料与阅读者的关系上。

材料的真实性问题是选择阅读材料时，应参考的另外一个重要标准，目前的外语教学界关于这一点，很多专家学者仍然持有不同的意见。

第一种解释是：不对材料本身做任何简化，包括词汇和结构这两个方面，而在设计阅读练习时，应充分考虑学习者的阅读能力，以便所选的材料具有一定的真实性。

第二种解释是：阅读材料的真实性与阅读者本身有着密切的联系，假如阅读者对材料的反应与作者的意图相同，那么，这种材料就具备真实性。

第三种解释是：在阅读过程中，一切都以阅读者为中心，材料只要符合阅读者的阅读目的和实际情况，它就具备真实性。

威多森（Widdowson）认为，应对阅读材料进行分级和简化，但是，从目前来看，人们更倾向于对阅读材料进行分级，而不是对材料本身进行分级。

根据第三种解释，阅读者的兴趣和目的可影响阅读材料的选择。据相关研究表明，不同的阅读者的阅读兴趣和阅读习惯也不同，但是，他们在阅读中依然具有某种程度的一致。从教育学的角度来看，学习者根据自己的兴趣选择阅读材料时，可获得最佳阅读效果。

伴随现代语言学对话语结构研究的不断深入，外语阅读教学理论也运用了这方面的研究成果，在阅读材料的选择标准方面增加了话语结构这一标准。

众所周知，话语结构对外语教学具有至关重要的影响：

（1）描述话语的语言结构，为外语教师选择教学材料提供依据；

（2）揭示话语的文化特征。不同语言的话语结构可反映不同文化的思维模式。揭示其特征可帮助学习者更好地理解阅读内容和表达个人思想。例如：人们发现，学习者更容易记住以时间顺序组织的叙述文字以及单向推进的描绘文字。实际上，这在不同的文化中属于两种很常见的思维方式。在编写阅读材料过程中，应考虑选择不同的话语结构，并对练习和设计加以改进。在教学过程中，外语教师需要向学习者揭示话语结构特征，并增强学习者的话语结构意识，进而提升学习者对阅读材料的理解能力和表达能力。①

因此，在选择阅读材料时，应先考虑学习者的兴趣爱好与文化背景，并不一定要控制材料的结构与词汇，主要在于预测可能出现的问题，并适当提供可以帮助学习者理解阅读材料的线索，在设计理解时，采取不同的要求，根据不同的阅读目的及学习者的实际情况实行分级和变动。

四、阅读技巧及阅读技巧的培养

近年来，针对阅读技巧问题的争论主要集中在以下几点：

（1）阅读是由不同技巧组成的活动，还是一项整体活动？

（2）如果真的有不同的阅读技巧，它们指的是哪些技巧？

（3）各种不同的阅读技巧之间存在着什么样的内在联系？

（4）阅读技巧与阅读策略之间存在哪些不同之处？

（5）通过训练能使阅读技巧与阅读策略得到提升吗？

---

① 张伟，赵耀，孙慧敏. 外语教学方法与策略研究 [M]. 长春：吉林大学出版社，2016.

假如我们将阅读活动分为快读和研读两种形式，不难发现，在所有的阅读类型中，快速阅读只是其中的一种，对所有阅读材料都进行快速阅读不具备科学性。在快速阅读中所使用的方法与技巧，也可运用在研读中。

快速阅读训练在20世纪60年代风靡一时，当时有些人认为，外语阅读课的主要目的就是培养学习者的快速阅读能力，他们还以每分钟读多少个单词作为标准，将阅读者分为三个不同的档次，他们认为出声读、回读、指读都会对阅读速度造成影响。这种只强调阅读速度的做法不仅没有足够的理论基础作支撑，而且也没有从实际意义上提升学习者的阅读能力。据相关研究表明，在阅读过程中，出声读、指读和回读并不是阻碍学习者阅读的因素，只是学习者遇到阅读困难时的表现。运用这三种方法可以帮助学习者克服阅读困难，说明学习者想要通过这种方式使自己加深对阅读材料的理解。当然，这会降低阅读速度，但为了更加准确地理解阅读材料，这样做又是必不可少的。①

近年来，很多阅读材料将培养阅读技巧作为主要目标。在练习的设计上，教材编写者明确要求阅读者采用泛读、略看等策略，运用判断推理等阅读技巧理解材料的写作意图、写作风格、章节信息与相关词汇。所以，外语阅读教学在培养学习者的阅读技巧方面似乎已经形成定式。

五、对我国高校外语阅读教学的几点思考

1989年，国家教委把阅读课从传统的综合训练课中分离出来，并对阅读教学提出以下两方面要求。

（1）阅读课的任务主要是提升阅读理解能力；培养学习者的逻辑思维能力；培养学生的快速阅读能力；提升学习者的阅读兴趣；提高学习者的记忆力；提升学习者的文化修养。

（2）阅读课应选用题材广泛的语言材料，以便提升学习者的观察能力，提升学习者的阅读理解能力，使学习者掌握各种不同的阅读技巧，帮助其提高阅读速度。利用课外时间，阅读长篇简易读物或简易著作，定期检验阅读方法。

---

① 陈永芳，龚晓灵，陈小燕. 外语阅读教学中策略培养体验与提升[M]. 杭州：浙江大学出版社，2013.

基于这两方面的要求,第一部分淡化了阅读课的目的,第二部分淡化了阅读课的要求。

国内外语界还缺少一套培养学生阅读能力的教材,现在一些高校外语专业使用的教材仍属于传统的精读课本,将其应用于综合技能课中或许更加合适。还有些学校采用国外教材作为阅读材料,例如,《新概念外语》《读者的选择》等,这实际上也存在很多不足之处。《新概念外语》是参照外语直接教学法编写的,将其应用在听读训练中,或许会更加合适;尽管《读者的选择》是一本训练阅读技能的材料,但它缺少系统性,技能训练部分只注重词汇的训练,且学习者不一定喜欢这些学习材料。由此可见,假如要在高校的外语教学专业贯彻教学大纲中的要求,还需要编写一些优秀的外语教材。此外,还要注重阅读练习的设计,以凸显外语阅读课的教学目的,并引导学习者训练阅读技能,使其获得较强的外语阅读能力。

目前,文理科通用的《大学外语》阅读教材,在国内外语界甚至在国内外都获得了一致好评,它最大的特点是系统性。阅读材料可分为精读、泛读和快速阅读三种,这三种材料相互补充,为全面培养学习者的阅读能力提供了保证。值得称道的是:精读教材的每一册的每一单元都设置有阅读技能训练,这便为教师和学生提供了一套较为系统的阅读能力培养的参考资料;阅读理解练习的设计也更加新颖,有些阅读材料后面的练习很有层次性。但我们认为,这三种材料之间的内容联系并不密切,难易层次不明显,假如将三种阅读材料结合在一起,也许会得到更好的效果。此外,在处理生词时,可以参考《开发阅读技能》等阅读教材的方法,这对于学习者进行单独阅读会更加有利。

阅读课作为一门技能训练课,教师在授课时应注意两个方面:第一,始终把阅读方法和阅读技巧的训练当作重点;第二,在讲解阅读材料的过程中,注重分析不同的话语结构,让学习者适应不同体裁的阅读材料。

在选择阅读材料时,应注意知识的系统性,可考虑在每个单元中安排一些内容相差不大但风格完全不同的材料,以便学习者对其进行比较研究。教师手册的编写也要有所创新,应将背景资料和具体的教学法详细地编写出来。教师应先查阅相关资料,然后再对相关语言进行讲解。这样在研究材料并设法解决语言难点时，教师就可以知道学习者在阅读过程中会遇到哪些问题，并根据具体的问题设计教学步骤。

第六节 外语写作能力的培养

写作可检验学习者的综合能力，对于中国的学习者来说，写作涉及的内容包括标点、拼写、用词、布局谋篇等。用"慢工出细活儿"来描述非常贴切，本章主要讨论学习者应采用哪种学习方法或学习策略来提升写作水平。

一、影响外语写作能力的因素

据调查发现，母语写作能力、外语知识和知识表达能力对外语写作能力具有重要的影响，其中，知识的表达能力是最主要的影响因素。[①]所以，尽管有人认为阅读可以提升写作能力，但这种影响却具有一定的局限性，局限在语篇知识和外语领会型词汇的积累上；只有将领会型词汇转化为表达型词汇时，才能提高学习者的写作水平。所谓表达型词汇指的是能够用于口语或写作的词汇，而这是与领会型词汇相对而言的。领会型词汇对阅读理解具有重要的影响，每个人所掌握的领会型词汇量都多于表达型词汇量，一个人所掌握的表达型词汇量越少，其表达能力就越弱，反之一个人所掌握的表达型词汇量越多，其表达能力就越强。从这点来看，口语表达能力与书面表达能力有着密切的联系。当然，在现实生活中，我们也能遇到一些口头表达能力差，但书面表达能力却很强的人，这主要是受心理因素和年龄因素的影响。[②]

初级、中级外语学习者的写作能力受外语水平的制约；在基本表达没有太大问题的情况下，学习者母语写作能力越强，其布局谋篇的能力就越强。

影响外语写作能力的因素有很多，其中，主要影响因素是词汇量。而词汇

---

① 于建平，徐贵福，白凤霞. 中国学生外语学术写作存在的问题与对策探究[J]. 教学研究，2011，34（06）：41-44.

② 马爱军. 外语教学中差异性教学策略研究[M]. 合肥：合肥工业大学出版社，2018.

量的积累又受阅读、听力等语言输入活动的影响。

二、书面交际与口头交际

与会话一样，写作也属于语言输出，需要以语言输出为前提，会话与写作的主要区别在于，会话人在说话时没有时间反复推敲要说的语言，因此说出的语言欠缺准确性。在写作过程中，作者有充足的时间斟酌语言，遇到语言表达方面的困难时，还可以参考相关的工具书。会话与写作相比也具有一定的优势，即听话者可以通过对方的面部表情、形体语言、声调、语气等判断他的态度和他所要表达的意思，方便说话人随时调整谈话内容；在写作过程中，作者无法收到读者的及时反馈，难以预测作品是否得到了有效的传递，更重要的一点是，作者还要考虑到受众的需求与理解能力，写作风格要符合实际需求。

三、提高写作水平的途径

用外语写作与用母语写作在过程上非常相似，但是，母语与外语的表达方式与思维方式却有所不同。例如，有很多用汉语写出的文章，是用华丽的语言堆砌而成的，这种写作风格在外语写作中就显得很啰唆。还有一部分中国人在写外语文章时，会先草拟一个中文提纲，或者先用中文写出一篇草稿，然后用翻译的方式，将其转换为外语文章，实际上，采用这种方法写外语文章，在表达方式上会出现很多错误。

外语写作要先思考外语的表达方式、表达风格，直接用外语写，如此才能激活头脑中储备的外语知识。学习者要灵活应用外语思维，还需要在平时多加思考，并反复实践，可以采用背诵与造句的方式达到训练外语思维的目的。假如时间充足，可以将整篇外语文章背诵下来，通常情况下，人们只背诵外语例句，这样可以体会字词的用法与写作风格。但是，只一味地背诵却不实践也是行不通的，用所掌握的字词造句实际上也是在模仿中实践。需要注意的是，用外语词汇造句要注意上下文的语境，这样才能充分提高学习者对词语的领会与掌握能力。

在遇到不会表达的内容时，许多学习者往往会翻看汉英词典。使用词典在

第七章　新思维下外语教学交际能力的养成

一定程度上可以帮助学习者解决一部分问题，但是学习者也不能太过于依赖词典，因为词典上的例句不一定在风格和语境上适合自己所写的文章。假如学习者在写一篇非常正式的文章，而文章中却充满了口语化的表达方式，难免会显得有些不伦不类。有些学习者会将汉英词典与英英词典搭配使用，虽然有些费时费力，但是通常可获得出人意料的效果。另外，在写作过程中，不应频繁使用词典，因为这样会打断写作思路。①

假如学习者想要快速提高外语写作水平，可以尝试阅读大量外语书籍，并注意积累外语词汇。另外，在阅读过程中不仅要了解词汇的中文含义，还要注意区分词汇的褒贬色彩，并揣摩词汇的使用范围，注意语义和语法的搭配。

四、写作策略

（一）构思的策略

写文章不仅要注意文章的内容，还要注意巧妙的构思，把握写作技巧，并注意巧妙地展开和总结文章的中心思想。写作的好坏主要取决于作者能否随意驰骋在论据细节与文章主题之间。既不重复主题句子，又不整篇描述细节，一般情况下，初学写作的学习者都会犯匆忙提笔、草草收尾的错误，如果要写出布局合理、内容充实、结构严谨的文章，那么，作者在写作之前就应该进行一番精心的构思准备。在写作之前学习者可以提前做好以下几种准备。

（1）准备一个记录思路的笔记本。随身携带这个本子，随时记录好的想法或好的句子。这个本子不是作文本，不用写的特别完整，也不用写太多；它也不是摘抄本，而是即兴创作本，主要用来记录自己的灵感；它不是日记本，无须每天都写。假如学过什么好的表达法，可以适当运用一下，写出几个简单的句子，说不定在以后的写作中能用到。又比如某天灵感迸发，写出几段，以后没什么可写时，随便找出一段展开便是一篇文章的雏形。这种方法比较适合那些经常没有写作思路的学习者。

（2）大量阅读书籍拓展思路。之前已经说过，语言输出需要以语言输入为

---

① 高峰著. 初中外语教学策略 [M]. 北京：中国书籍出版社，2016.

前提。与其在需要写作时冥思苦想也找不出思路，倒不如在平时多读一些文章，学习文章的表达方式和表达技巧。如果做课堂笔记，也尽量分成不同主题来记录，将各种写作素材分为不同的种类，方便以后查阅和翻看。平时练习写作时，如果题目已经确定下来，可以暂缓写作，此时可以阅读一些类似的文章，找到写作灵感后，再进行下一步的写作。用阅读的方法来提升写作能力司空见惯，许多文人墨客都是先从模仿起步的。此外，还有两点需要注意：第一，阅读同一类型的文章只是为了拓展写作思路，并不是为了抄袭，只有将所学知识转化为自身能力，才能发挥其应有的作用；第二，在写议论文时，先阅读别人的文章，会影响自己的见解。因此，在阅读别人的文章时，需要对其进行分析和判断，要敢于怀疑书上的内容，因为其他作者的观点并不一定是正确的，积累此类素材时需要思考和选择。

（3）利用自由写作来拓展思路。题目确定好以后，一旦开始写就要把它写完，把头脑中的观点全部写出来，先不要在意拼写、语法、标点是否正确，也不对写过的文字进行修改，任凭思绪如骏马般奔腾，全身心投入于写作之中。自由写作是克服思路不畅、逻辑不通的好方法，或许我们都有过这样的经历：面对一个陌生的题目，头脑中一片空白，毫无思绪。此时，可以暂时转移注意力，解除对写的恐惧。自由写作最好有个时间限制，最好在十分钟或者十五分钟之内不停笔，或者写满一张纸为宜。此外，学习者在写作过程中，即便是偏离了主题也不要过于在意，因为这只是一种放松的方式，并没有正式开始写作。在心里没有任何压力的情况下，你才有可能体会到灵感迸发的感觉。等自由写作结束以后，回过头来读一下写过的内容，找出一些比较好的观点，将其在文章中展开。①

（4）用列表的形式归纳思路。采用这种做法需要放开思路、充分联想，写作过程中，不用在意是否跑题。将思路以清单的形式写下来，不用将句子写出来。一般情况下，归纳思路分为两个步骤：第一步，写出与主题相关的全部内容；第二部，把写出来的观点分为各种不同的种类，删除偏离主题的内容。

---

① 刘然. 外语词汇教学方法与策略 [M]. 北京：九州出版社，2018.

（5）用绘图的形式组织思路。绘图可以形象地反映作者的思路，有利于激发作者的联想。绘图时，一般把主题写在中心位置，然后从中心画出几条放射形分支作为分论点，分论点上也可以勾画出一些论据细节。这样一层层展开后，就可以不断充实文章的内容。

（6）最后一种准备写作的办法是酝酿。也就是说，先不着急动笔写文章，而是留出足够的时间思考文章主题。这种办法一般都用于写作过程中，酝酿的办法有两种：第一是转移法，第二是放松法。酝酿过程最好不要受到外界的影响，否则会影响思路。转移法就是暂时不考虑写作方面的问题，转移注意力，把注意力放在与写作无关的事情上，例如，欣赏外面的景色，观看花花草草或者小动物等，随后再将注意力转移到写作主题上。许多文学家在思路不畅的情况下，通常会转移注意力，不去写也不去读，彻底放空自己的大脑，等自己彻底放松之后，有可能得到意想不到的收获。放松法与转移法的主要区别在于，放松法无须关注任何事物，只放松自己的神经，不对自己施加任何压力，等彻底放松之后，便将思绪收回放在写作上。上述两种方法并不是所有人都适用，但我们经常会产生这样的感觉：越是在我们不经意的时候，一些新的想法就会闪现在我们脑海中。因此，如果初次使用以上策略时，没有产生任何效果，也不要因此而气馁，因为，任何一种技巧都要经过反复推敲与练习，最后才能游刃有余地应用它。

（二）语篇衔接的策略

一篇好文章里不仅要有丰富多彩的内容、别具匠心的构思以及独具特色的表达，还要具有高超的语篇衔接手段。一般情况下，学习者都能写出用词恰当、语法正确、内容充实的语句和语段，但语句之间和语段之间却欠缺连贯性和整体性。为了确保读者能理解文章内涵，在写作的时候，有效的连接和过渡尤为重要。

（三）其他写作学习策略

（1）定期进行写作训练。许多学习者认为只要在写作培训班学习一段时间就能提高写作水平，岂不知即使了解不同体裁的行文方式，也很难进行遣词造

句。训练写作能力时,要克服母语表达方式的干扰,多积累外语词汇,应用外语思维。定时写作是一种最简单的训练方法,每个星期都要选择一个固定的时间点用写日记或写周记的方式训练写作能力,写作训练最好与口语、听力、阅读的训练相结合。例如,就听到的外语听力材料或阅读过的外语文章发表个人意见,总结一下最近比较热门的话题。

(2)与笔友交流。在一些外语学习报纸、杂志或网站上,都会设置笔友板块,专门用来刊载一些希望结识笔友的学习者的通信方式。与结交的笔友建立书面联系,是练笔的一种好方法,学习语言的主要目的就是方便与人沟通,有交流对象也就有了写作的动力,这对于激发学习者的写作兴趣具有重要的意义。

(3)建立范文库。口头练习与笔头练习都需要从模仿做起。学习者可以收集一些优秀的文章,并将其贴在活页纸上,分为不同的类别。很多学习者有摘抄优美语句的习惯,但是所有的语句都摘抄在一起,不方便分类和查找,采用活页纸的目的就是方便后期分类和查找。学习者可以将各种优秀的范文分为不同的类别,并归纳出不同的主题,在写文章之前根据范文类别找出自己想要了解的文章。

(4)模仿性写作练习。实施模仿性训练前,学习者要先阅读一些中等篇幅的文章,不限制主题和体裁。在读的过程中,将文章中的要点分条记录下来,也可以记录一些具有代表性的内容,例如关键词、时间、地点、人物、人名等。读过原文之后,将其置于一旁,然后按照笔记中的内容,用自己的语言重新写一篇同一主题的文章。最后将自己写的文章与原文进行对比,并根据原文修改自己的文章。这种练习将阅读和写作融为一体,有利于学习者发现自身的不足之处,在没有教师指导的情况下,学习者可以参照范文训练自己的写作能力。

(5)修改草稿。有句俗话说"文章不厌百回改"。一篇文章通常要修改很多次以后才能定稿,在修改过程中,作者不仅要考虑语法、用词、标点是否正确,还要考虑文章的思路是否符合逻辑、结构是否清晰、风格是否统一、内容是否充实等。由于计算机的普及,文字处理软件的应用范围也逐渐扩大,文章的修改变得越来越容易。所以,在写作训练中,可以适当使用文字处理软件,这能帮助学习者提升写作水平。学习者可以利用电脑上的文字处理软件来写文章,但是,不能将电脑当作一种文字誊写工具。

第七节 跨文化意识的培养

学习外语的主要目的是实现跨文化交际,即与具有不同文化背景的人沟通。在外语教学中,除了重视语言教学之外,还要进行语言文化的导入。以外语教学为基础,不断提升学习者的外语交际能力,培养学习者的外语语法能力、外语社会语言学能力、外语应变能力等,同时,意识到外语教学在跨文化教育中的重要地位,把外语语言与其文化背景当成一个整体,培养学习者的跨文化意识,提升学习者的跨文化交际能力。

一、语言与文化关系研究概述

古今中外众多哲学家、语言学家、人类学家、语言学家、历史学家以及外语教师等对语言与文化之间的关系的研究从未间断,他们对此有着极为浓厚的研究兴趣。与此同时,各位专家学者们根据各自的需求,划分了自己的研究领域,并以各自独特的方式理解和阐述了语言和文化之间的关系。

哲学家们主要对语言和文化之间的关系感兴趣,更准确地说,是对语言和人类精神之间的关系感兴趣。德国哲学家赫登尔(Herder)对语言和民族精神,洪堡特(Humboldt)对语言与人类精神发展等问题进行了深入的研究。[1]

历史学家、考古学家认为,在人类文明发展的历程中,语言就是文化的活化石。他们以实际行动从语言文字中发掘和证实人类社会发展的轨迹。

令人类学家感到意外的是语言在维系社会关系、保证社会生活正常进行的过程中所起的重要作用,他们研究的内容主要是:人类运用语言的方式对人类社会交往和外部世界的感知的影响。

语言学家们几百年来甚至是几千年来,从未间断过对语言文化的研究,他们不知疲倦地在数不胜数的书籍中寻找线索,试图从字里行间中找寻语言文字

---

[1] 骆北刚,黄军利.中学外语课堂教学策略研究[M].苏州:苏州大学出版社,2014.

变化的轨迹，为解读经典古文提供依据。

　　语言学家对语言与文化之间关系的研究相对来说要晚一些，但是他们的研究比较广泛。他们不仅寻找语言与文化的对应关系，还试图从文化中寻找解释语言现象与语言结构的线索。

　　外语教师早已对跨文化交际中文化因素的重要性有所了解。洛达（Lado）不仅倡导对语言结构进行对比，还倡导对不同文化进行对比，以此帮助学习者克服学习上的困难。虽然外语教师们提出的建议没有受到重视，但是后来兴起的各种形式的教学法，在外语教学中逐渐占据了主导地位，教学法强调了文化因素对语言形式的影响。与此同时，外语教学理论也展开了对文化因素的详细研究和论述，以此探讨文化因素对语言习得的影响。

　　语言学家罗常培先生是我国第一位研究语言和文化关系的人，罗常培先生在20世纪50年代初，出版了一本名为《语言与文化》的著作，该书从不同的角度详细地分析了语言和文化之间的重要关系。在对语言和文化关系进行探讨后，罗先生得出以下结论：

　　（1）语言是社会发展的产物，它能伴随社会的发展变化而变化，因此，人们将其当作一种社会意识形态；

　　（2）语言并不是一个孤立体，它在社会生活中具有广泛的用途，因此它与社会生活各个方面的联系也非常密切，在研究语言学的过程中，最好不要受语言资料的限制，应将研究范围向别的领域延伸，扩大其研究领域，将其与其他现象或意识联系在一起，充分发挥语言的作用，传扬语言学的原理；

　　（3）语言材料是考察文化产生的年代的重要依据；

　　（4）文化因素的演变会使语言因素也跟着产生变化；

　　根据我国文化语言学学者对语言与文化关系研究的侧重点的不同，有人将我国的文化语言学分为三个流派，如表7-1所示。

表 7-1　文化语言学的三个流派

流派类型	流派名称	研究内容
第一个流派	"双向交叉文化语言学派"	它主要研究"语言学和文化学的交叉学科，它不仅在文化的背景下研究语言，而且利用语言学知识研究文化学，或利用文化学知识研究语言学"，后来又强调它"只研究语言的文化内涵，研究语言和文化的关系"，这是国内文化语言学研究中的主流派
第二个流派	"全面认同文化语言学派"	该流派主张"把语言作为本体论，放在广泛的文化背景中考察"
第三个流派	"社会交际文化语言学派"	它包含两方面的研究，一是从社会的角度研究语言交际和语言变异；二是研究语言与文化的关系，它实际上属于宏观的社会语言学范围

二、语言和文化的定义

在过去，一些对文化和语言关系的研究中，常常因为对一些术语有误解，从而引起概念上的混乱。所以我们认为在讨论语言和文化关系的问题时，要明确两个问题：什么是语言？什么是文化？

什么是语言？

从语言的结构特征来分析，语言是一个由音位、语素、词、词组、句子、段落、篇章等构成的层级系统。从语言的功能特点上看，语言是思维和交流的工具。

什么是文化？

文化的定义有很多种，主要可分为两种：一种是广义的，另一种是狭义的。广义的文化指的是人类社会在发展过程中所创造的物质与精神财富的总合；狭义的文化指的是由人类文化价值观念构成的知识体系。

三、语言和文化的关系

（一）语言是文化的重要组成部分

但凡对语言和文化关系有所研究的学者，都认为语言是文化的载体和重要组成部分。古迪纳夫（Googenough）认为，文化是通过社会习得的知识，语言是语言能力通过后天社会语言环境的触发而习得的一套知识系统，所以说语言是文化的重要组成部分。

或许有人会说，从乔姆斯基（Chomsky）对语言能力的研究来看，人的大脑中原本就拥有一套与语言结构原则相关的"普遍语法"，这种知识并不是通过社会习得的，这样看来，语言知识中有一部分不属于文化。

我们认为"普遍语法"只是一种比喻的说法，它实际上是人的一种语言习得能力，是语言能力的原始状态，它并不是一种语言知识。假如没有后天语言环境作支撑，它便不可能发展为语言。所以，从某种程度上来看，所有的语言知识都可以通过社会习得，语言是文化的重要组成部分。

（二）语言是文化的重要载体

语言不仅是思维的工具，还是形成思想和表达思想的工具，人类需要借助语言来发展个人思想，与此同时，人类的思想也需要通过语言的形式表达出来。所以，人类思维的过程和结果又可通过词汇和语言结构体现出来。

语言是文化的重要载体，承载了各种各样不同的文化信息，同时也是人类社会文化生活的重要工具，所有语言中除了一些核心词汇以外，其他词汇都有其固定的文化信息，这个信息就是"文化承载词"。

词汇中还包括成语、习语、典故、谚语等，它们对民族文化的传承具有重要的影响，语言中的句子结构、话语结构和篇章结构都能反映出一个民族的思维方式与思维习惯。

（三）文化是语言发展的底座

美国著名人类学家萨丕尔（Sapir）曾说过，语言是文化发展的底座，同属于一个群体的人，会说同一种语言，语言不会脱离文化单独存在，它是人类风俗习惯和信仰的载体。

英国著名语言学家里昂（Lyons）认为，语言系统受"底层结构"和"上层结构"的影响。所谓"低层结构"就是人类共同的生理特征和原有结构，它能使语言向同一个方向发展；所谓"上层结构"指的是各民族不同的文化结构，它能使不同民族的语言呈现出丰富多彩的形式。

每一种语言都有与其相对应的文化。这种语言的语言结构、交际模式、篇章修辞方式等都会受到文化观念的影响或制约。在过去的很长一段时间内，由

于我国的外语教学缺乏理论知识的指导，在语言课上导入文化因素时，缺乏自觉性、计划性和系统性。尽管多数外语专业都开设了国家概况课，但是这种课程没有与语言课紧密结合，缺少有效的针对性。从外语教学的发展近况来看，随着人们对语言与文化之间关系的认识不断深入，外语基础课程中与文化相关的问题，也受到了众多外语理论研究人员和外语教师的关注。①

四、外语教学中目的语文化的导入及跨文化意识的培养

（一）外语教学中文化导入的必要性和重要意义

下面笔者重点针对外语教学中文化导入的基本理论问题进行详细探讨。

由于人们逐渐加深了对语言与文化之间关系的认识，因此，对于外语教学过程中，文化导入重要性的认识也成为一个不容争议的论题。所以，争论的焦点不在于是否要在外语教学中教授文化知识，而是在外语教学中教哪些文化知识以及怎么样教的问题。从当前来看，人们对文化导入的必要性和重要意义的共同认识主要包括如下内容。

（1）交际能力主要包括文化知识和文化适应性这两个重要组成部分。海姆斯（Hymes）提出了交际能力的四个重要参数：合语法性、得体性、适合性和实际操作性，其中，适合性和得体性的实质就是语言使用者的社会文化能力。很难想象，一个缺乏某种语言文化背景知识的人，是怎样与说这种语言的群体进行交流的。

（2）语言交际能力实际上就是获得文化知识的重要前提和主要手段。学习外语的主要目的就是获得继续学习这种文化的能力。所以，在外语学习初期，学习者不仅要打好学习外语的基础，还要适当参加一些课外交流活动，例如，参加外语学习社团，这样不仅能提升外语学习兴趣还能提升外语交际能力，同时，还满足了学习者调整自身知识结构的需要，为其以后进一步学习相关文化和研究相关内容奠定良好的基础。

（3）某些有明确职业选择方向的外语学习者为了适应工作岗位的需求，需

---

① 唐俊红. 互联网+时代的大学外语教学策略 [M]. 青岛：中国海洋大学出版社，2017.

要把某些外族文化项目作为专门的学习内容。

(二) 外语基础教学阶段中文化导入的内容

面对外语教学中文化导入这个问题，我国的一批学者主张将其分为两种类型：交际文化和知识文化。交际文化指的是两个文化背景不同的人直接影响准确传递的语言和非语言的文化因素；知识文化指的是两个文化背景不同的人，在交际过程中，不直接影响准确传递信息的语言和非语言的文化因素。

实施这一计划的主要目的就是在外语教学的初级阶段，使教师和学习者重视影响准确交际的交际文化因素的教学。

虽然交际文化和知识文化的区分上缺乏足够的理论依据，且还具有交叉性大、忽略文化项目之间相互关系的缺点，但是，在外语教学过程中，对文化教学项目的选择却具有很重要的影响。

通常情况下，我们会将文化导入项目分为两种类型：第一类是词语文化，第二类是话语文化。这样分类无论是从外语教学的角度还是语言文化的关系的角度来看都是最合适的。众所周知，文化对语言的影响与制约主要通过对词语意义结构的影响和词语组织结构的影响这两个方面体现出来。而词语又可分为两种类型，一种是单个的词，另一种是词组。词语是文化的承载体，各种文化特征都可通过该语言的词汇体现出来。当然，词语文化和话语文化之间的关系非常复杂，按照这种方式划分的主要目的是满足实际教学的需要。此外，在词语文化和话语文化之下再进行详细的划分，可能会遇到一些难题。此时，外语教师应根据不同的教学对象、教学目标、教学计划、教学任务以及教学环境选择相关的文化项目，具体问题具体分析。①

(三) 文化导入的几个重要原则

在外语教学的初级阶段，对文化内容的导入应遵循实用性原则、阶段性原则和适合性原则。

(1) 实用性原则

实用性原则不仅要求所导入的文化内容和学习者所学的语言内容联系紧

---

① 周晓娴. 多元化文化理念与当代外语教学策略研究 [M]. 天津: 天津科学技术出版社, 2017.

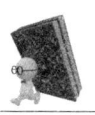

密，与日常交际内容密切相关，还要与学习者今后的职业性质紧密结合，这样做有两方面优点：第一，不会让学习者感觉到语言与文化之间的关系过于空乏、难以捉摸；第二，将文化教学与语言实践相结合，可以提升学习者学习语言与文化的兴趣，促使良性循环效应的产生。

（2）阶段性原则

阶段性原则的实质就是要求导入文化内容时，遵循循序渐进的原则，即按照由简单到复杂，由浅入深，由现象到本质等原则，此外，文化教学内容还要参照学习者的语言水平、接受能力和理解能力来设计。

在贯彻实施阶段性原则时，还需要关注文化内容的层次性和一致性，避免教学内容太过零碎。词语文化与话语文化相比，话语文化所涉及的内容要比词语文化复杂得多，但词语文化内部的情况也不简单，它与文化的各个方面有着密切的联系，所以，在教学内容的安排上，要顾及多种因素，以便做出最佳的选择。

（3）适合性原则

适合性原则是指在选择教学内容和教学方法时要适度。教学内容上的适度包括：实用性原则、阶段性原则和代表性原则。应详细阐述具有代表性的内容，反复操练主流文化的内容。与此同时，还要处理好文化内容的历史性和共识性的关系，重点处理共识文化，适当引入历史文化的内容，以便学习者了解某些传统文化和风俗习惯的前因后果等。教学方法上的适度，主要是协调好教师讲解和学习者的关系。文化所涉及的内容不仅广泛而且还很复杂，但教师的讲解却是有限的，所以，教师应鼓励学习者利用课外时间阅读大量书籍，并积极进行社会实践，以此增加学习者的文化涵养。作为学习者学习语言和文化的重要引导者，教师应帮助学习者开展课外阅读和实践活动，使自己成为一名合格的组织者和引导者。

（四）文化导入的主要方法

（1）注解法

目前，注解法在外语教材中应用得较广泛，教材编写者将学习者不容易理解的词语和表达法标注在文后，并加以解释。这种方法不仅简单、灵便，而且

还很实用，但这种方法还有一定的缺点，即缺乏完整性和系统性。

（2）融合法

融合法主要是将语言材料和文化内容融为一体，例如，语言材料本身就是介绍文化习俗和历史事实等。采用这种方法可激发学习者的学习兴趣，学习者在学习语言知识的同时，也学习了与之相关的文化知识，可为一举两得。这种方法的主要缺点是：在选择与编排教材内容时有一定的困难，通常要采用简化和改写的方式才能克服语言结构上的问题，这样会使语言材料的真实性受到影响。

（3）实践法

实践法是指学习者通过实践来学习和了解目的语的文化知识，实践内容也包括看外语电影、录像、听讲座等。阅读外语书籍也是学习外语文化知识的重要手段之一，一部具有代表性的文学作品，是民族文化的精髓，是传统文化的积累。

（4）比较法

在跨文化语言交际教学中，比较法是一种常用的教学手段。只有将母语和目的语放在一起进行比较，才能发现它们在语言结构和文化上有哪些区别，从而得到一种跨文化交际的文化敏感性。当教师在讲解语言材料、学习者在阅读外语书籍时，都可以采用这种方法来了解国外文化的特点。

（5）专门讲解法

专门讲解法指的是在比较语言文化与目的语文化差异的基础上，选出目的语文化中最突出的文化特征。将容易出现交际困难的文化特征编进教材，开设外语语言文化课程。

在讨论外语教学过程中，文化导入有一点会被忽视，也就是多数学者主要讨论外族文化导入的重要意义，却忽略了本族文化的探讨，笔者认为，本族文化在外语教学中也起着重要的作用：第一，作为一种文化参照体系，更好地揭示了外族文化的主要特征和本民族文化的本质内涵；第二，通过对本民族文化心理的调节，激发了学习者学习外语及其文化的积极性。不难猜测，一个对外族文化没有包容心理的学习者，一定学不好外语和外族文化。

第八节 良好的学习习惯和监控心理的养成

良好的学习习惯可保证学习者顺利完成学习任务，元认知与认知在形成过程中，都要经历一系列转化过程，即先从外控向内控转化，然后从无意识向有意识转化，最后转变为自动化的过程。学校教育要真正实现"人的发展"，需要采用元认知监控理论来指导学习者，使其养成一种良好的学习习惯，同时让元认知监控成为个人习惯。

一、元认知监控与良好学习习惯的关系

元认知指的是个体对自身认知过程的认识，它是对认知的认知，因此人们称之为元认知。感觉、知觉、思维等都属于认知活动，而元认知却是对感觉、知觉、思维等认知活动的认知。所以，元认知实质上是个体对自身认知活动的意识、体验、调节和监控。元认知监控是指个体在认知过程中不断评价学习过程，并对个人计划或学习方法做出适当调整和选择，以此保证学习任务的顺利完成。元认知监控是元认知的核心内容，是个体通过对认知活动的监控和调节，使其达到最终的目标。[1]

由实践可知，学习者养成良好的学习习惯，不仅是自我发展和全面发展的起点，还是自我发展与全面发展的最终目标，同时也是学校或家庭教育的根本目的。

一般情况下，我们将学习习惯分成三个层级，如表 7-2 所示。

表 7-2 学习习惯的三个层次

学习习惯层次	行为特征	监督与约束	意志努力
第一层次	不自觉	需要	无
第二层次	较自觉的行为	不	需要
第三层次	自觉性行为	不	不需要

由表 7-2 可知，不自觉行为是学习习惯的最低层级，学习者需要在外部力量的强制下进行学习；较自觉性行为是学习习惯的第二层级，在这一阶段，学

---

[1] 董奇. 论元认知 [J]. 北京师范大学学报，1989（1）：68-74.

习者不需要外部监督也能完成学习任务,此时,学习者主要依靠坚强的意志力;自主性行为是学习习惯的最高层级,它既不需要外部监督,也不需要依靠意志力,而是一种习惯性动作。

由此可见,学习者处于不自觉的学习阶段,需要教师和家长的监督以及纪律的约束,才能完成学习任务;进入第二阶段后,学习者需要依靠坚强的意志,并长期坚持下去,逐渐将学习变成一种习惯性动作,这便养成了良好的学习习惯,也就是进入了第三个学习阶段,达到"习惯成自然的境界",这与元认知监控能力的形成具有同等的效果,元认知的发展需要经历一个特殊的过程,即先从外控向内控转化,然后从无意识向有意识转化,最后转变为自动化的过程。据相关研究表明,学习者的学习成绩与其元认知监控水平的高低有着密切的联系,①元认知监控水平高的学习者,学习成绩较好;元认知监控水平低的学习者,学习成绩普遍较差。当元认知监控成为一种习惯后,学习者便养成了自觉学习的好习惯,也就实现了教育的最终目标,达到了"人"的发展目的。

二、用元认知监控理论引导学习者养成学习习惯

(一)利用监督机制帮助学习者养成良好的学习习惯

从元认知理论来看,学习者学习习惯的养成首先要借助外部力量,例如需要在教师、家长、朋友、同学的监督下完成学习任务,一旦脱离他人的监控和指导,学习者很难进入学习状态,或者不知道自己该从哪里开始学习,要学习什么内容。随着学习者所学知识的不断增加,学习规律的不断总结,自我调控经验的不断丰富,以及学习策略知识的不断增长,学习者才能学会自我调控,并养成良好的学习习惯。

(二)利用多元的学习方法使学习者养成良好的学习习惯

学习方法有很多种,但是在学习过程中,不存在固定的学习方法。只要能使学习者掌握知识或技能的方法,都可以应用在学习过程中。然而良好的学习习惯却是一种最佳的学习方法,例如,就课堂学习过程来说,就是课前预习与

---

① 董奇. 论元认知 [J]. 北京师范大学学报,1989 (1):68-74.

课上做笔记的习惯；就课后学习过程来说，就是课后做练习题与复习和归纳课堂知识的习惯；就具体的学习内容来说，就是记忆口诀与记忆概念等习惯；就学期学习来说，就是制订学习计划与反思学习过程的习惯等；与此同时，教师还要根据不同的科目、不同的学习阶段指导不同的学习者采用不同的学习方法，以此保证学生顺利完成学习任务。

（三）以良好的学习心理为基础使学习者养成良好的学习习惯

良好的学习心理是元认知的前提条件，只有学习者感兴趣的内容才能吸引他去主动学习，并积极思考与学习内容有关的问题，最终养成自主学习的习惯。基于这种情况，教师应对教学内容与教学方法做出相应的调整，努力地培养学习者的学习兴趣，在课堂上尽量以和蔼可亲的态度对待学习者，用绘声绘色的语言来吸引学习者，教师还要多鼓励学习者，使其大胆地做自己想做的事、大胆说自己想说的话，并让学习者尝试做一些不敢做的事。例如，教师在复习某一单元阅读理解部分的内容时，先让学习者通读这篇文章，然后提出几个问题，随后请一位同学上讲台给大家讲解，从而起到鼓励学习者认真读书的作用，假如有些地方讲得不好，下面的同学可以提出疑义，并补充相关内容。如此一来，不仅能让学习者学会自我表现，还能让学习者从中获得成功的经验。使学习者从喜欢外语教师到喜欢上外语课，然后转变为主动探索外语知识，渐进地形成一种良好的学习心理，并养成自主学习行为，从而为学习者元认知监控习惯的养成奠定基础。

（四）帮助学习者养成提前制定学习目标的习惯

有了学习目标也就等于有了学习方向，明确学习任务可使学习者的注意力得到提升，学习者可根据学习任务进行有目的的学习与思考。教师在教学过程中，可以让学习者根据学习内容确定学习目标，让学习者明白自己将要学习的内容有哪些，为什么要学习这些内容，并思考接下来要怎样学习，然后制订相应的学习计划。例如，将学习目标定为：提升外语听力水平。学习者可以根据外语教师提供的听力材料，明确提升听力水平应学习哪些内容，让学习者根据学习内容提出一些问题，能够提出问题说明他们已经有了自主学习意识，并产生了

—151—

想要提升听力水平的想法。在此基础上，激励学习者努力去提升听力水平，增强学习者学习外语听力的信心，并鼓励学习者去寻找提升听力水平的办法，引导学习者根据自己的外语听力水平制订学习计划、确定学习任务，在此基础上主动完成学习任务，并根据自己的表现预测最终的学习效果。在设计提升外语听力水平的计划时，不仅能增强学习者的自我学习意识，还能使其养成元认知监控习惯。

（五）引导学习者对学习过程进行反思和评价

评价不仅是评判自己的学习成果，还是对学习过程的反思，反思的内容包括：我学习了哪些内容？面对学习过程中出现的问题，我应该采取哪些措施解决这些问题？有没有遗漏的内容需要解决？在以后的学习中，我应该怎样做才能避免这些错误再次出现？采用这种方式来避免学习者产生错误的认知，并为以后学习同一种知识提供借鉴。我国学者熊川武教授在《反思性教学》中提出"反思能力是在元认知知识、元认知体验以及元认知监控的基础上形成的"[1]。通过自我反思的方式来评价自己的学习过程，不仅能提升学习者的元认知水平，还能提高学习者的自我评价能力。

所以，在外语教学过程中，教师要多为学习者提供反思学习过程的机会，每位学习者都可以通过自我评价和外界评价来建立自我意识，并逐渐将外部评价向内部评价转变，最终养成良好的学习习惯。学生在形成了反思能力以后，才能算得上是真正养成了元认知监控习惯。

当学习者养成了良好的学习习惯，尤其是在养成自我监控习惯时，便能认定他就是一个自主的学习者。

---

[1] 熊川武. 反思性教学 [M]. 上海：华东师范大学出版社，1999：47-51.

第八章　外语教学的组织与实践

从我国科教兴国战略与全民素质教育实施的角度来看，外语教学的组织与教育实践具有至关重要的影响。在教学过程中，充分利用课堂时间不断提高学习者的外语水平，具有非凡的意义。然而只有将教学过程与学生的特点相结合，按照科学合理的方式安排教学内容，准确把握教学原则，合理制定教学目标，因材施教，才能取得良好的教学效果。

第一节　大纲与课程内容的设计

课程设计主要是对语言学习的过程、性质、目的、评估、教师所起的作用等进行阐述，而教学却是对教师与学生课堂表现的描述与记录。假如要对课程设计进行修改时，可将这些描述和记录作为一种重要的参考依据。课程设计的主要内容包括：教育计划、教育实施、教育管理、教育评估以及行政管理等。而大纲的制定主要集中在教学内容的选择与分级上。

一、课程设计与大纲制定的概念

外语教学在实施过程中，有两个重要的概念：一是课程设计，二是大纲制定。不同的学者对两者所起的作用有不同的看法。

课程设计所涉及的主要内容有以下几点：

（1）课程计划，即决策方面：分析学习者的需求与目的；确定教学目标与教学目的；对教学内容进行分级和选择；对学生进行分班；选择合适的学习材料；选择学习任务与评估方式；

（2）实施：通过对课堂教学过程的观察，来了解课程计划的执行状况；

（3）评估：了解学习者的最终成绩，找出失误原因，提出改进意见；

（4）管理：查看教学资源是否得到有效利用。

课程设计主要包括以下几个阶段：

（1）了解事实阶段，也就是调查各种社会因素，其中包括社会对外语的需求、外语学习的语言背景、社会与个人对外语的态度、社会上语言的使用状况以及国家的政治和民族环境的调查。外语教学环境可通过调查结果来确定，例如，学习者的情况、外语课程的重要性、学校的师资状况、外语课程的实施地点和实施方法等；

（2）确定课程和大纲设计的理论和实践依据。课程设计者在分析社会和个人需求后，制定了切实可行的教学目标；

（3）将教学目标转化为教学计划，确定教学内容、教学目的，制定外语教学大纲；

（4）准备教学材料，编写教材。

外语课程设计实际上就是对外语教学的整个过程进行计划，并干预其实施过程，监督其实施情况。

二、课程设计的步骤

博伊德尔（Boydell）在《工作分析指南》中对"培训"的定义与课程设计的十大步骤的介绍，对外语教学课程设计起到了极大的启发作用。

博伊德尔（Boydell）对"培训"的定义：

给人们提供学会获得工作所需能力的机会。

培训计划和实施的十大步骤是：

（1）确定培训需求。社会、企业、政府部门对人才的需求量较大，关键在于课程设计者设计的课程能否满足社会的需求，需求分析的第一步是看哪些职业需要培训？要接受培训的人数有多少？为什么要培训？培训的时间有多长？培训的重点是什么？最后看是短期需求还是长期需求？

（2）将公司职员需要接受培训的方面与公司的需求进行对比，找出真正的需求；

（3）对受训者的职业特点进行分析，了解其工作性质、工作所需的知识、工作内容与已经掌握的工作技能等。这类分析可以分为任务分析和错误分析两

种，任务分析主要对工作内容和工作过程进行分析；错误分析主要针对工作中的失误进行全面分析；

（4）确定和选择受训者；

（5）确定培养目标；

（6）大纲设计，对教学的内容、材料、教学材料评估办法等做出选择；

（7）选择、设计教学材料，其中包含教学内容和教学过程两个方面。

（8）确定教育策略；

（9）测试课程的有效性；

（10）给所有有关部门提供反馈。

我国对外语人才的需求量较大，且需求方式呈现多面性与多层次性，从目前来看，我国还没有相关人才对此进行过完整性与系统性的调查，这便是造成我国外语教学政策在制定与实施过程中出现主观性、随意性以及盲目性的主要原因。我国不同级别、不同类型的学校基本上都开设了外语课，社会上也成立了各种形式的外语培训机构，但是，这些外语培训课往往都没有明确的教学目标和教学方法，脱离了社会的实际需求，所以，我们不仅要大量宣传和普及与课程设计和大纲制定方面的内容，还要着手做好这方面的工作，设计出一套符合中国外语教学现状的、完善的、有深度的外语教育课程设计审查制度，逐渐摒弃教学目的和教学要求不明确的外语课程。[1]

三、大纲与大纲制定

明确外语教学目标后，就要对这些目标进行转化，将其应用到实际教学中，选择外语教学的形式、内容、方法等，这就是所谓的大纲制定。大纲制定就是确定教学内容，并以此作为设计各种课程的依据。大纲制定者所做的主要工作就是选择教学内容，并将其分为不同的级别。

一个完整的外语教学大纲，主要包含以下几个要点：

（1）使用外语的情景与话题；

（2）学生将要参加的语言活动；

---

[1] 张逸岗，丁方．试论外语教师的基本素质[J]．外语界，1996(03)：57-59+64．

（3）学生将要运用的语言功能；

（4）学生针对某一话题的应对；

（5）学生能够处理的一般意念；

（6）学生能够处理的特定意念；

（7）学生将要使用的语言形式；

（8）学生运用语言的熟练程度。

根据大纲描述侧重点的不同，我们将教学大纲分为产品式大纲和过程式大纲，产品式大纲着重教学的最终状态，常常是某些语言项目和技能的一份清单；而过程式大纲着重达到某一目的的一系列行动，如学习者为了掌握某些语言项目和技能所进行的操练。产品式大纲重点在通过教学后学生所获得的知识和技能上，而过程式大纲重点放在学习和教学的过程上，参考两种教学大纲的特点，我们不难发现，传统的语法教学大纲，以及20世纪70—80年代兴起的功能—意念大纲都是产品式大纲，因为这两种大纲非常重视学习的结果，大纲中主要列举了语法知识和功能意念两方面的内容。大纲中没有关于怎样达到目标状态的内容，相反地，最近几年出现的任务型大纲和程序型大纲将大纲的任务向学习任务和教学程序上转变，它们都是过程式大纲。

产品式大纲可分为综合型和分析型两种。综合型语言教学将语言的各个组成部分分成不同阶段教给学生，使教学过程呈逐渐积累的过程最终使语言的整个结构被完全掌握。分析型教学大纲主要为学习者提供含有难度不同的语言片段。大纲设计的出发点是使用语言的目的。传统的语法大纲属于综合型大纲，功能—意念大纲属于分析型大纲，下面笔者对这两种不同类型的大纲进行详细分析。

语法大纲的特点是按照语法概念的难易程度来选择教学内容，并对教学内容进行分级，这实际上也是它受到应用语言学家批评的重要原因之一，因为后来人们发现，学习者学习语法时遇到的困难与语法本身的复杂性并不成正相关关系，虽然语法较复杂，但学起来并不一定很难。

典型的语法大纲严格按照循序渐进的原则编排教学内容。与之相关的语言学理论假设为，一套有限的规则可以组成各种不同的语言，且能产生各种不同的意义；另一种心理学理论假设为，人们可以通过自己的努力来学习这些语言规则,并将其记忆在脑海中;还有一个假设为,学生只要掌握了某一种语言的形式特征,他们就能在不同的交际场合中应用其所掌握的语言。

然而,实践过程并没有人们假设的那样顺利,以上几种语法教学的理论基础并不适用于实际的语言交际过程中,它与语言的实际使用情况存在一定的矛盾。在实际的语言交际过程中,语法项目并不那么容易辨别,因为不同的语法项目如锁链一样互相交织在一起。近年来的第二语言习得研究结果也表明语法项目并不是逐个被学习者习得的。按照语法教学大纲的要求,应该对学习者的输入和输出进行严格控制,但同时又要使语言样本与课堂外的语言现实相符合,这就给语言教师、教材编者们带来了困难,他们必须在以下三种办法中做出选择:(1)大纲不做结构分级;(2)作结构分级,但不作为选择语言素材的依据,只作为教学的重点,语言素材为自然语料;(3)注意力集中在学习者需要用语言做什么(即学习任务),而不是语言本身,也就是不对语言结构进行分级,而对语言交际任务进行分级。最后一种选择实际上已经受到了交际法教学理论的影响。

对语法大纲的批评,概括起来有以下几条:

(1)以语法为主线的教学方法,很难将复杂的语言现象本质反映出来;

(2)语法形式与功能并不一一对应,在实际的交际过程中,一种语言形式常常具有各种不同的功能,抑或是可以采用各种不同的语言形式来表达相同的语言功能;

(3)学习者掌握外语结构有内在的顺序。研究人员发现,学习者的母语背景如何,他们获得部分语法项目有相对固定的顺序,正式的课堂教学对此影响不大。

如果说第三种批评者的观点是对的,那么大纲制定者只有两种选择:一是根据自然习得顺序编排语法项目,制定教学大纲。但困难是大纲的制定不可能等待具体的习得顺序研究成果的出现,况且这种习得顺序理论本身还未被大多数人所接受;二是不必对语言结构做任何组织或分级,因为学习者只要接触语言材料就能自动习得,因而大纲制定也是多余的事情,这种观点显然走了极端。

20世纪70年代,与功能和意念密切相关的概念,在语言教学中也得到逐

步发展,实际上,这主要是受到英国功能语言学派理论和社会语言学理论发展的影响。从功能语言学派的角度来讲,语言的功能主要是指语言的使用目的;语言的意念主要是指语言所表达的意义,如某一事态、某种物体或者某种逻辑关系等。

一部分人站在语言功能与意念的角度来思考如何编写外语教学大纲,他们认为假如以学生和学生的交际目的为中心来编写外语课程,将会取得更好的效果。

功能—意念大纲当然也有其局限性。功能—意念大纲对学习项目的选择已不再以语言因素,而是以学习者的交际目的作为依据。为了确定具体的交际目的,选择合适的功能和意念项目,并对此进行需求分析。相比于语法项目的分级,功能和意念项目的分级则显得更加困难一些。"请求"与"道歉"相比,很难选择出哪个更简单,哪个更容易。把语境、上下文和语言外因素引进材料的分级也使情况变得更为复杂。

与语法大纲相同的是,功能—意念大纲也强调终端产品。刚开始人们并没有意识到这一点,后来人们便发现两者具有某种相同的特点。因为人们对语言本质的认识与语法功能对语言材料的分级并不相符,所以语言学家才将教学过程作为教学的重点,制定了任务型与程序型的教学大纲。在实际应用过程中,两者虽然存在很大区别,但是基本原则却非常相似。

无论是程序型大纲还是任务型大纲,都没有把词汇或者语法知识作为重点内容放在教学大纲中,而是把学习任务作为重点内容。例如,可以组织一些交际活动,让参与活动的学生使用外语进行交流,在活动过程中让学生使用电话获取相关信息,并根据组织者发出的相关指令执行某些任务,或者根据口头指令制作物品、绘制图片等。人们普遍认为这种方法能够帮助学习者快速掌握外语,因为它具有明确的学习目的,能为学习者提供大量学习与使用外语的机会。

任务型大纲与程序型大纲都比较看重课堂教学过程,将其与以语言项目为中心的大纲相比较,能够明显地看出前者是学习者在课堂中对将要参加的任务与活动的描述,而不是一组通过语言分析后的语言形式的清单,或者学习结束后学生应该达到的某种程度的描述。

对任务型大纲或程序型大纲的批评主要集中在以下两点上：第一，所选的题目或任务没有切实可行的标准或依据；第二，不能够证明学生参与的活动对学习有什么重要的影响。换言之，以过程为焦点的大纲或教学法在过程与结果的结合问题上做得不够。

我国学者对我国外语教学传统与特点进行了充分的考虑，并吸收了国外最新的外语教学理论，进而制定了这份外语教学大纲，由此可见，这份教学大纲不仅具有一定的科学性，还具有一定的实践意义。但正如前面我们所提到的有关产品式和语法及功能—意念大纲所不能克服的缺点和不足一样，这份大纲同样具有许多缺陷，还有待进一步完善和提高。

第二节　教材内容的编写与选用

要确保一份质量较高的教学大纲能够得到有效实施，一定缺少不了一支高素质的教师团队以及一套质量较高的教材。

一、教材的编写

教材的编写需要结合一定的教学目标。语言材料的选择需要与不同的教学目标相结合，而材料的编排方式与编排顺序则需要与学习者的学习方式与学习特征相结合，从而达到控制教学材料的编排方式与编排顺序的目的。教材中词汇、课文、语音、语法、交际目标、交际范畴、作业、言语行为、注解等的安排是否恰当，这对学生的学习兴趣、学习质量以及学习动机等都具有重要的影响。

从外语教学的特点来说，无论编写哪种教材，都需要按照上文提到的文化、系统、认知、情感、交际这五项原则。根据文化原则的要求，外语材料在编写过程中，最好选择能够代表目的语主流文化的不同风格与不同题材的段落或文章；从系统原则的角度看，所有与语言有关的教材，在编写过程中都需要系统地介绍与目的语有关的语法、语音、词汇等知识；根据认知原则，在设计语言材料编排与练习的过程中，需要考虑到语言学习的一般规律以及人的记忆特点；

根据交际原则，在语言材料选择和练习的过程中，需要体现出具体可操作性与实践性。①

教材的编写，若是从具体的实践角度考虑，我们认为外语教材的编写还需要遵守下面几个原则：

（1）趣味性原则。语言材料在编写过程中要体现出一定的趣味性，便于学生在轻松愉快的气氛中获得知识；

（2）循序渐进原则。语言材料的选择和练习的编排要遵循从易到难、从旧到新、从简单到复杂的原则；

（3）实用性原则。教材的编写要与培养目标密切配合，适应社会和使用者的需求。

（4）多样性原则。语言材料要选择各种不同题材、体裁和语域的文章；

（5）现代性原则。语言材料要尽量贴近现实生活，让学生学习现代语言；

（6）真实性原则。所选的语言材料，语言要真实地道，能反映目的语社团的真实语言使用情况。

我国外语教材的编写应该说还是个薄弱环节。虽然出版了一些好的教材，但与我国庞大的外语学习者队伍不同层次的需求极不相称。大量引进的国外教材由于未考虑到中国外语学习者的特殊背景而注定不可能长期地、真正地满足我国外语学习者的需要。我国学者在自己编写外语教材的过程中还存在着这几种问题：（1）缺少高层次的理论指导；（2）盲目照搬国外有关教材内容；（3）缺少配套教材，缺乏针对性、系统性。大量质量低劣的外语应考和练习参考书充斥市场，很大程度上误导了学习者。

二、教材的评估和选用

教材的评估要结合具体的教学目标，要看它是否与教学大纲中所提出的教学目标和要求相吻合。

教材的评估除了根据我们刚才提到的两套标准从理论上进行以外，还可从

---

① 刘一丹，孙莹莹，张文娟. 外语教学方法与策略研究[M]. 长春：吉林出版集团股份有限公司，2017.

实用的角度设计易于操作的评估一览表。下面向大家介绍两份有代表性的外语教材评估清单。

哈钦生（Hutchinson）设计了一个教学评估一览表。评估的内容主要包括：教学方法、教学对象、教学成本、教学内容、教学目的等方面。这里我们简要介绍一下与教学内容和教学方法有关的评估标准。

1. 教学内容

（1）描述语言的理论基础是什么？是否以语篇为基础？是功能意念，还是结构主义？是否是几种理论的综合？

（2）所涉及的语言点有哪些？

（3）听、说、读、写等技能训练部分的比重分别是多少？是否有综合技能的训练？

（4）需要培养的微技能有哪些？

（5）课文的体裁包括哪些类型？

（6）课文的题材范围如何？课文主题是如何处理的？

（7）教学内容是如何编排的？是按语言点／语言技能编排，还是按题材编排的？

（8）教材中每个单元是如何安排的？是否按固定的模式（如听、说、读、写等顺序）安排？有没有突出其中某一技能？

（9）教材内容的先后次序是按什么原则编排的，是线性式还是螺旋式，或是其他什么方式？

（10）各单元的编排是否有一定的原则指导？

2. 教学方法

（1）外语学习的心理过程是以什么理论为基础的？是否是行为主义？是否注意到学生的性格、态度动机等情感因素对外语学习的影响？

（2）学生对学习外语的态度和期望中有哪些值得注意？

（3）需要哪些类型的练习或任务，例如：是注重意义的任务，还是注重形式或技能的练习？是灵活运用，还是语言形式或技能的训练？是语言运用还是

语言理解？是否需要指导？答案的数量设置了几个？是表演、做游戏、模拟活动，还是角色扮演？是自学、小组活动、个别活动，还是全班活动？

（4）所用的课堂技巧有哪些？例如，是小组活动、结对子活动、发言活动、环环相扣的活动还是其他的活动？

（5）所需的教学辅助工具有哪些？

（6）搞好教学所需的配套材料和辅导材料有哪些？例如，是否有教学法指导？是否有技能表、词汇表、教学要求？是否需要专业或语言方面的参考资料？是否设置了课后测试题？

（7）使用教材是否有灵活性？例如，可否与别的教材配合使用？是否能将各单元中各部分的次序打乱？可否不按单元次序进行教学？

西顿（Seaton）列出的教材评估的清单中包括了以下内容：

（1）页数；

（2）插图数；

（3）字号；

（4）编排方式；

（5）内容的页数；

（6）结构清单；

（7）词表；

（8）有关其他书籍、材料和磁带的出版情况——经常可在内封面上找到；

（9）编写者对教学项目的主题是怎样安排的？他是否恰当安排了该项目的顺序？又是否对其进行了突出显示？

（10）在处理容易与其他项目混淆的项目时，他是怎样对其进行区分的？

（11）语境是自然化或者情境化的吗？

（12）将散文课文与对话相比较：里面涉及的生词有多少？生词与所用词总量相比，所占的比例是多少？新词在某一语段中出现的次数是多少？

（13）查看是否有语段含一定难度的语音组合？怎样安排语音训练？是否有标音方法吗？

（14）课文和对话的语言是否地道？怎样安排听、说、读、写这四种语言技能？

（15）练习是否做了控制？编写者是否编写了简答题、多项选择题、填空练习？答案具体设置哪一页？

（16）学生采用的学习法是演绎式学习法还是概括式学习法？

（17）话题和故事是否合适且具有一定的趣味性？书中的主题是否能扩展，是否能引申？

（18）是否有插图，插图是否与教材内容有紧密联系？插图的数量是多还是少？插图是大是小？人们能否轻易看懂图上的内容？插图的画技怎么样？你喜欢画家的风格吗？

（19）是否配备了录音磁带？如果有，你认为给学生留的反应时间是否充足？声音是否容易区别？练习是否做了控制？录音采用的哪个国家的语言？声音质量怎么样？

（20）整个课程总共需要几本书？书本的尺寸是多少？是否便于使用？书本纸张的质量怎么样？封面设计是否美观？学生用书、辅导书、教师用书的价钱分别是多少？

最近几年来，人们对教材有了全新的认识。教材不仅包括书面材料，还包括视频教学材料、网络教学资源等。教材已不局限于课堂使用的材料，还包括各种用于课外学习的材料。所以，教材已不单是传统的、纸质的材料，而是过渡到包括各种媒介的、立体的、全方位的语言学习资源。

第三节　对教育者的培养

外语教学理论研究在最近几年渐渐地将重心转移到教育主体身上，教学活动的组织也逐渐将重心放在学生身上。这种趋势逐渐从传统外语教学模式转变为重视发展学生语言创造能力以及培养学生的主观能动性，但是，这也并不代表教师在外语教学中的地位和作用从此就不再重要。不重视外语教师的作用，会使外语教学走上一条危险的道路，会严重阻碍外语教学的发展，难以提高我国外语教学的质量。毫无疑问，无论何时，无论何地，外语教师在整个外语教学中都具有不可替代的重要作用。

首先，我们需要具体阐述一下外语教师在教学过程中，应具备的基本素质，然后，再根据这些标准来讨论外语教师在师资培训中需要注意的问题。

一、外语教师的基本素质

我国的教师向来都是受人尊敬的，从古至今都流传着这么一句话"一日为师，终身为父"，这主要是因为教师不仅会把知识传授给学生，还会教授学生如何做人、如何处事的道理。我国古代文学家韩愈的《师说》中说得非常清楚："师者，所以传道受业解惑也。"由此可见，教师的主要作用是"传道"，这也正是现在人们称教师为"人类灵魂的工程师"的主要原因之一。

西方国家的人民赋予教育三种功能：（1）提升学习者的能力与个人素质；（2）提高学习者的社会交往能力；（3）传承文明、发扬知识。其中，前两种功能中涵盖有伦理、道德方面的内容。

在对外语教师的基本素质进行研讨时，我们最先考虑的是外语教师的职责，也就是"传道"。从当前的教育现状来看，"传道"所指的就是培养学生的爱国主义精神和健康的人格，这一点可以从外语教育的很多环节中体现出来。以下内容主要探讨了除这种素质以外的其他素质。

首先，我们要明确"素质"的含义。通常情况下，我们认为一个人的性格或品格都属于个人素质的范畴，两者呈现出相互作用、相辅相成的关系。一个人可以通过学习知识来不断完善个人品格，而一个人如果养成了良好的品格，则为其获得更多新的知识提供可能。作为一名合格的教师，更加需要这两方面素质。教师教给学生的是知识，而教师的品格却直接影响着教授知识的方法以及教授知识的效果。所以，在谈论外语教师的素质时，需要把握好这两点重要内容。

我们先从"外语教师"这一名词开始讨论，首先对其进行成分划分，不难发现在这一词组中，中心词是"教师"两个字，"外语教师"是一名教师，它应该具备一个教师应该具备的基本素质；其次，他是一个语言教师，他的工作性质又与其他教师具有一定的差异性,因为外语教师所教的是外国语言,他需要具备更多关于外语教学特点方面的知识和品格。

笔者主要围绕以下三方面内容进行详细探讨。

1. 一名普通的外语教师,应该具备的重要素质

(1) 丰富的知识储备

所有教师都需要具备两种知识:第一,具备所教学科的知识;第二,具备怎样教这门学科知识的知识。与此同时,教师还要具备一些其他方面的知识,如地理知识、历史知识、教育学知识、心理学知识等,还要知道一些基本的教学原则与教学方法,例如,启发式原则、阶段性原则、循序渐进原则等。

外语教师不仅要具备与本学科相关的知识,还要具备教师教育学与心理学等方面的知识。

(2) 品格上的准备

一名优秀的教师应该具备良好的品德,一方面教师的言行举止对学生具有潜移默化的影响,学生会不断模仿教师的行为,"身教"的效果往往比"言教"的效果好很多;另一方面,拥有良好品行的教师,对学生具有一定的吸引力,学生一般都倾向于喜爱品行高尚的教师,从而对其所教授的课程感兴趣。每个学生的家庭背景都不同,情感经历也千差万别,教师只有对学生付出极大的耐心,给予他们如父母般的爱,才能使他们放掉戒心信任教师,从而将自己的聪明才智应用在学习中。

2. 作为语言教师,外语教师应具备的素质

作为人类的交际工具,语言发挥着极其重要的作用,它不仅是人类的思维工具,更是人类文化的重要载体。一个学生如果具有高超的语言能力,则有助于提升其思维能力。

人是在社会化的过程中,逐渐习得语言的,习得某种语言也就意味着掌握了这种语言的民族文化系统。语言由特定的规则和一定的元素构成,它属于一种符号体系,学习语言首先要掌握这种语言的语法知识。一名优秀的外语教师不仅要具有丰富的词汇和语法知识,还要具有丰富的民族文化传统知识,此外,

他的知识体系中还应包括对人类语言本质特征和使用规律的知识。

语言学知识对语言教师的用处主要有两个方面：第一，使其自身对语言本质的理解更加深入，对其自身的语言素养及语言使用能力具有很大的提升作用；第二，有助于教师在教授语言知识的过程中，自觉地遵循语言习得与发展的规律，从而选择出最佳的语言教学方法。例如，因为语言是交际工具，所以最好不要把语言作为一种知识系统进行传授，而是要注意提升学生准确应用语言的能力。总之，一名优秀的外语教师除了要具有丰富的外语理论知识，还要具有较高的使用外语的能力。

据相关教育学理论研究表明，教师在课堂上使用语言的能力，对其在课堂教学中的教学效果具有重要的影响。由此可见，教师的课堂语言的使用是一门艺术，它不仅与教师本身的语言能力密切相关，还与教师的专业知识、心理学知识、教育学知识有着重要的联系。教师的课堂语言质量在一定程度上代表着这位教师的基本素质，由于教师的语言发挥着极为重要的作用，所以语言教师对语言能力的提升就显得尤为重要，教师在提升语言能力的同时，还要不断扩充其他方面的知识，不断提升个人修养，以此促进教师语言实践能力的提升，从而提升课堂教学质量。

3. 外语教师应具备的基本素质

外语教学的特殊性决定了外语教师这份职业的特殊性。一名优秀的外语教师不仅要具备普通教师所具备的所有素质，还要具备一些与外语相关的理论方面的知识，以及这方面的重要品质。

外语教学与母语教学相比，其特殊性主要体现在如下几个方面。

（1）语言环境和社会环境方面。教师在进行母语教学之前，学生们已基本上具备了母语交际的能力。母语教学的主要目的是扩展学生的语言知识范围，提升学生的整体语言交际能力，并强化学生对母语知识的意识程度。语言交际能力与学生的社会能力属于同一个整体，提升学生的母语能力，可加快学生的社会化进程。母语教学通常都是在母语环境下实施的，母语环境更加有利于学生对母语知识的学习，有利于快速提升学生的语言能力。而外语教学通常都是在缺乏外语

语境且学生对外语非常陌生的情况下进行学习的，大部分语言输入依靠外语课堂，所以，外语教师在外语课堂上发挥着极为重要的作用。教师不仅是外语输入的提供者，还是外语输入的控制者，在外语教学中具有不可替代的重要作用。

（2）知识方面。学生的原有知识对外语知识的习得既存在有利的一面，又存在不利的一面，原有知识既有助于学生学习外语知识，又不利于学生习得外语知识。如果学生具有很强的母语知识的意识，其外语学习将会受到很大影响，这种影响具有双面性，母语知识中有一部分可以引起正迁移，有一部分则会引起负迁移。外语教师如果对两种语言的结构和作用特点有着极为深刻的认识，且掌握了较为丰富的心理语言学和语言学知识，那么，在外语教学过程中，则更有利于教师将学生的母语知识朝着正迁移方向引导。

（3）文化方面。学生的文化知识对外语交际能力的获得也具有一定的影响。语言是文化的一个重要载体，语言结构中的文化信息丰富多彩，人们对语义的理解很大程度上需要借助这种语言发源地的风俗习惯和文化传统。语言中某种特殊的规则和模式与文化因素不能分割，学生的母语文化知识在其学习外语期间会出现迁移现象，所以，外语教师现在有几项非常重要的任务：第一，提升学生目的语文化的知识；第二，帮助学生提升跨文化交际意识；第三，不用本族文化的标准进行外语交际。要顺利完成这几项任务，外语教师需要深入了解学生的本族文化和目的语文化，在关键时刻为学生解决语言交际中文化误用的问题，明确两种文化的不同之处，并具备充分的跨文化交际意识。

（4）情感方面。外语学习不仅是学习一种知识体系，同时也是对另一种文化的适应。所以，外语学习者的性格特征、学习动机、学习态度等情感方面的因素直接影响着其外语学习的成败。研究者将外语学习者的学习动机分为：任务型、综合型、工具型，不同的动机可对学习者学习外语产生不同程度的影响。实际上，学生的学习动机与学生对外语教师、外语、外族文化的态度有着密切的联系。从目前来看，外语教师的主要任务就是帮助学生培养出良好的外语学习动机，使学生充分发挥其主观能动性和积极性来学习外语。要彻底转变学生学习外语的态度，提升学生的学习兴趣，则需要外语教师具有一种富有感染力和鼓动性的性格，同时具备一定的教育学和心理学方面的知识。

笔者将上述讨论进行一个简要的总结。

一名优秀的外语教师需要具备一名普通教师应具备的基本素质,还要具备一名语言教师所应具备的专业素质,更应具备适应外语教学这一学科的专门素质。总结起来主要包括以下几个方面。

(1)较为扎实的专业知识和专业技能。外语教师要具备语用、词汇、语音、语义等方面的知识,还要具备较高的听、说、读、写技能。

(2)较为系统的现代语言知识。外语教师需要系统地了解语言交际能力的规律、特点和本质,并能充分利用自己已掌握的知识来引导外语教学实践。

(3)教学组织能力和教学实施能力。外语教师需要具备与教学法、心理学以及教育学有关的知识,并熟悉基本的教学原则和教学组织的步骤,具备运用教学工具和教学手段实施教学的能力,当代外语教学中一般都会使用网络多媒体教学工具,因此,外语教师还需要具备运用网络和计算机的能力。

(4)相当的外语习得理论知识。最近几年来,人们对外语习得的研究取得了突破性的进展,修正了一些在外语教学中出现的错误认识,尤其是最近几年来出现的学习者策略、中介语研究和错误分析方面的成果,对外语教学实践产生了重要的影响。外语教师需要学习一些先进的外语习得理论,并对外语教学的特殊性进行深入了解。

(5)较高的人品修养和令人愉快的个人性格。一个优秀的教师应该具备谦虚、幽默、耐心、大方、好学、宽容等良好品质。

(6)一定的外语教学法知识。外语教学史上曾经出现过多种不同的教学流派,并且衍生出各种各样不同的教学方法,例如交际法、语法—翻译法、听说法、沉默法、直接法、咨询法等,这些教学方法都是在一定的语言学和心理学理论背景下产生的,有着各自特殊的教学目标与教学环境,外语教师应对外语教学法进行充分的了解,然后再取其精华,弃其糟粕,充实自己的外语教学知识,提升自己的外语教学技能。

二、外语教师的培训

上述内容主要讲解了一名合格的外语教师应该具备的一些基本素质,需要

明确的一点是，不同层次的外语教师所应具备的基本素质是相同的，主要区别在于对相关专业知识深度和广度方面的要求有所不同，以下我们主要探讨我国在外语师资培训方面的一些重要问题。

外语师资的培养主要是培养具有高度社会责任感、丰富的专业知识、教学法知识、教育心理学知识、高尚的人格修养和高超知识运用能力的外语教师。

要实现这一目标，需要在社会上树立一种尊师重教的社会风气；担任培养外语教师的各大院校应重视培养外语教师的基本素质，优化学校的课程结构，合理分配教学资源，使用最小的投入获取最大的收益；政府和教育管理部门应对外语教学工作的特殊性有充分的认识，并制定出与之相关的政策措施。①

根据上述外语教师基本素质的描述，外语师范教育与外语教师在职进修的课程设置应围绕以下三方面进行：第一，教育心理学理论与教学实践；第二，语言学理论与外语学习理论；第三，外语理论与实践。

1. 教育心理学理论与教学实践

外语教师应该具备基本的教育心理学知识，了解课堂教学的一般性原则和学生的心理特点，同时外语教师应该研习本学科各种教学流派的形成和特点，掌握外语教学中一些最基本的教学原则和方法。相应的课程可以有"教育心理学""外语教学法与外语教学实践"，其中"外语教学实践"可通过观摩教学或教学实习来进行。

2. 语言学理论与外语学习理论

外语教师需要具备一些重要的语言学理论知识，应该了解最新的语言学理论发展趋势、语言分析方法、语言的本质特征，并学习与之相应的课程，例如"语言学基础理论"或者"语言学概论"等。

外语教师更有必要了解外语学习过程的特殊性及有关的语言学习理论，相应的课程可以是"外语学习理论简介"。

---

① 程晓堂，武和平. 外语教学方法与流派 [M]. 北京：外语教学与研究出版社，2014.

3. 外语理论与实践

在任何一种情况下，都需要重视培养外语教师听、说、读、写、译的能力，外语教师也要时刻提醒自己要不断提升和完善外语实践能力，同时，重视学习与外语有关的理论知识，其中包括语用、语音、词汇和语法等知识。总之，外语教师要对外语知识有深入的了解，做到"知其然"与"知其所以然"。与之相关的外语理论和实践课程分别为：音系学、外语听力、外语阅读、词汇学、外语写作、翻译理论与实践、语法学、综合实践等。

在我国，中小学外语师资的培养一般由师范院校或教育学院承担，但由于这些院校受到经费和师资力量的限制，外语师资的培养质量并不十分令人满意。外语师范专业的课程设置中存在两个明显的问题：一是因人设课，不是考虑到未来的教师需要学什么课程、需要进行哪方面的训练，而是根据学校能开出什么课程来决定课程的设置；二是随着近年来市场经济的发展，社会对外语人才的需求增大，师范院校的师生都有意淡化课程设置的师范性，强调综合性和实践性，这在很大程度上影响了外语师资培养的质量。

要改变这种状况，当然需要多方面的努力。第一，有关教育行政部门应采取一定的行政和指导措施，保证外语师资培训的正常进行，如实行各级师范外语专业毕业生验收制度，或统考制度，对毕业生的外语理论与实践能力等方面进行考查，合格者获得证书，不合格者须在规定时间内补考通过，实在不合格者应取消其成为外语教师的资格；第二，各师范院校之间、师范院校和综合性大学之间应进行横向联合，互通有无，交换师资或教学设备，允许教师跨校兼课等，最大限度地利用现有的教学资源；第三，加强外语教学理论的研究工作，全面提高外语教师的理论素养和外语教学活动的效率。

第四节 外语教学在课堂中的教学探讨

外语教学的具体实施过程主要在课堂，教学大纲和教材中的指导思想和要求只有在课堂上才能得到具体的体现。

第八章　外语教学的组织与实践

一、课堂教学的重要性

课堂也是教师和学生交流的主要场所，是教师控制学生情感因素、协调学生学习行为、保证语言输入质量的地方；同时也是学生获得主要的可理解的目的语输入的地方，如教材内容、教师语、同伴语等的重要场所。因此，无论是在传统的外语教学法还是在一些最新的外语教学方式的主张中，课堂教学都是特别强调的教学环节。从研究的重点来看，普通教育学和传统教学法主要强调课堂活动的形式和组织方式，而近年来一些新的外语教学主张则把注意力集中在课堂活动的目标和质量上。[1]

二、课堂教学的组织

以下十条课堂管理的注意事项，实际上也是根据普通教育学和心理学原理提出的课堂教学的一般原则和方法。

（1）有一套检查学生出席情况的办法，如由班长每天点名等；

（2）将学生名字按一定顺序进行编排，或让学生将名字写在卡片上并放在课桌上，以便教师提问或记忆；

（3）让年龄大一些的学生担当你的助手，承担诸如照看视听设备和图表等工作；

（4）备有有关学生和教师的档案材料；

（5）教师应该知道学生的名字、住址、学习外语的年数、学习的地方等；

（6）教师应该了解学生在其他课堂上所学的内容、成年学生的职业、工作和计划，以便在课堂上进行语言操练时结合他们的实际；

（7）应该具备有关生理、感情和社会条件等方面的背景知识；

（8）应该对学生目前各方面的进展情况有所了解；

（9）备一份学生作业、特殊需要等情况的记录；

（10）如因事请假，应告诉代课教师教学计划等情况。

另外还有十条具体的课堂教学的技巧：

---

[1] 包阿拉坦图娅，阿尔泰，娜和芽. 外语教学方法策略与研究 [M]. 长春：吉林大学出版社，2016.

（1）以最快的速度牢记班级中每个学生的名字；

（2）教学过程中，努力做到让每个学生都认真听讲，使学生全神贯注地进行学习；

（3）不时地更换课堂提问的方式，尽量不要总采用同一种方法提问学生，如不要总是从教室的某一位置开始提问，更不要老是从某一学生开始，或者是毫无规则地点名提问；

（4）不要辱骂学生，和学生说笑尽量考虑学生的自尊心，不要伤害到任何一个学生；

（5）在讨论宗教、种族、政治之类的话题时，一定要非常慎重。尽管这类话题属于热门话题，常能引起热烈的讨论，但是这类话题极易引起冲突，扰乱课堂秩序，破坏课堂气氛；

（6）不要和学生太过于亲近，保持适当的距离，这样既可以产生一定的威严感，又可以使学生更加尊敬教师；

（7）平等对待每一位学生，不要过于溺爱学习成绩好的学生，而忽视学习成绩差的学生，否则容易使一些学生对教师产生厌恶感，实际上，学习成绩差的学生更需要教师的关心与鼓励；

（8）让聪明好学的学生回答难度稍大一些的问题，让学习成绩差的学生回答一些稍微简单的问题；

（9）越是调皮捣蛋的学生，教师越是要想办法让他们参与到课堂活动中，让他产生一定的集体意识，从而起到约束自己行为的目的，尽量不要用教师都办不到的事来威胁他们；

（10）学生之所以会在课堂上产生厌烦的情绪和注意力分散的情况，绝大多数是因为教师所讲的内容过于枯燥乏味、讲解的时间太长以及所学内容太过简单或太困难造成的。

至于外语课堂教学中具体的活动类型和方式，不同的教学法流派有不同的主张，大多数流派一般都采用讲故事、角色表演、独白、小组活动、对话哑剧以及各种各样的游戏等活动类型等。

我们在前面曾经提到，传统的外语课堂教学是以教师为中心的，教师主宰

了课堂中的一切活动。随着近年来人们越来越强调外语学习主体的主观能动性，课堂外语教学越来越突出交际性，课堂教学逐渐走向以学生为中心的语言交际活动。教师也逐渐改变了原先的包办一切的角色，成了学生活动的向导、顾问和裁判。

三、外语课堂教学改革与外语课堂教学的基本功能

我们知道，外语教学的实施有五大主要过程：需求分析、课程设计、教材开发、课堂教学、课程评估。在这几个主要过程中，课堂教学无疑是最为重要的。这是因为，首先，无论是课程设计，大纲制定，还是教材开发，这些都还处于"纸上谈兵"的阶段；真正的"实战阶段"还是课堂教学。外语教学目标的实现，必须通过课堂教学来进行。换句话说，课堂教学实际上就是外语教学目标的具体执行过程。其次，对许多中国学生来说，课堂是其接受外语输入的主要场所，对部分学生来说甚至是唯一的场所。第三，外语课堂教学不但是学生接受外语输入的地方，更重要的是，它还是学生接受学习策略培训、学习行为得到评估的最重要的场所。但遗憾的是，尽管我们以前对外语课堂教学的研究十分重视，但主要集中在课堂教学的具体方法的探讨上，很少对外语课堂教学的本质功能、在整个外语教学过程中的定位、外语课堂教学的评估标准等重大理论问题进行全面的思考。因此，外语课堂教学的改革还局限于"小打小闹"式的局部的改革和变化，大部分教师的课堂教学还在很大程度上受到传统的 PPP 模式的影响，受到考试指挥棒的影响。[1]

下面笔者将在对传统的外语课堂教学模式进行批评的基础上，提出一个全新的外语课堂教学的模式。这一模式与传统外语教学的 PPP 模式最大的区别在于，它不是一套具体的操作程序，而是一系列有关外语课堂教学基本功能和目标的描述。

1. 传统课堂教学模式的不足及其错误的理论根源

传统外语课堂教学的基本模式就是所谓的 PPP 模式。PPP 分别代表"讲授"

---

[1] 陈永芳，龚晓灵，陈小燕. 外语阅读教学中策略培养体验与提升 [M]. 杭州：浙江大学出版社，2013.

"练习""输出"。这实际上就是外语课堂教学的几个重要的具体步骤。这一模式有简洁、易操作等优点。但作为外语教学的重要教学方式，PPP模式有着非常致命的缺点。

（1）以教师为中心

首先，在PPP模式中，教师有绝对的权威性。教师是所有课堂教学步骤的决定者和主要执行者。教师决定讲授什么材料，讲授多少，如何讲授等。学生一般不能参与这些过程的决策，在课堂上扮演的完全是被动的听众角色。在练习过程中，学生也主要是被动地按照教师的指令，对某些讲授过的语言项目进行操练。操练的时间和方式也是由教师决定的。由于每班学生人数多，所以操练一般是集体的形式，有时也可能是小组和双人的形式，但教师很少有时间关心和指导个别学生的练习。即使在输出阶段，学生也主要是严格按照教师的要求，说出或写出与操练过的语言项目有关的语言形式，没有多少自由发挥的空间。总之，PPP模式以教师为中心，以教为中心，学生的实际需求得不到真实的反映，学生对教学决策过程没有参与的机会，学生真正参与语言交际的机会也不多。[①]

（2）应试为导向

PPP模式既是应试教学的产物，又为应试教学起到了推波助澜的作用。我们知道，现在许多的外语考试很大程度上都是间接性考试，即通过考查学生某些有关语言结构方面的知识以达到了解学生实际语言使用能力的目的。这样，课堂教学主要就是由教师讲授相关的语言结构的知识，学生则被要求通过一定的操练来记忆这些语言规则，以应付考试。因此，PPP模式往往就成了语言知识课或语法分析课，或者干脆就是复习迎考课。

（3）学生缺乏足够的输入

由于教师决定课堂教学的内容和过程，教师因此也完全控制了课堂的节奏。因为考虑到要在有限的课堂时间内尽量多教给学生相关的语言知识，教师的备课往往把更多的注意力放在语言知识上，因此课堂上主要的时间也就花在了语言知识的讲授上。学生在课堂上接触到的是大量的语言知识，或者是语法分析，

---

① 高峰. 初中外语教学策略 [M]. 北京：中国书籍出版社，2016.

而不是真正的语言交际样本，也不是实际的语言交际活动。因此，学生在 PPP 模式的课堂中接触到的是非常有限的外语输入。

（4）在学习方法上误导学生

PPP 课堂教学模式的一个直接后果是，在很大程度上误导了学生对语言学习本质的理解，误导了学生学习外语的方法。由于 PPP 课堂过分强调语言知识的呈现，学生就误认为，只要掌握、记忆了语言规则就可以把这些规则直接应用到语言交际中。语言学习就是一个学习语言知识、记忆语言规则的过程。由于现有的许多外语水平考试也主要考查语言知识，这又进一步加深了学生对语言学习本质的误解。这实际上也是造成一些学生外语学习"高分低能"的一个重要原因。

从语言学和语言教学理论角度看，PPP 外语教学模式源自对有关语言学习本质的误解。这些误解包括如下内容。

（1）学生按照所教的顺序习得外语

一般认为，结构相对简单的语言项目，学生学起来也比较容易。因此，传统的外语教材和课堂教学主要就是根据语言知识的复杂程度来编排的：先教结构简单的语言形式，结构复杂的一般安排在教学的后期。这实际上是出于对"简单"和"容易"概念的误解。"简单"和"复杂"是语言结构上的概念，"容易"和"困难"是心理学上的概念。由于个体学习能力和风格上的差异，结构"简单"的语言知识对一些学生来说不一定就"容易"掌握，"复杂"的也不一定就"难"学。在 PPP 模式中，教师一厢情愿地认为，教师教的顺序，就应该是学生学习的顺序。教师无论如何教，学生都应该根据教师教的顺序来学习。由于 PPP 模式不关心学生的需求，教师主要根据自己的判断组织教学，因此这样的教学，往往并不符合学生学习某一门外语的实际顺序；这样的教学常常是"吃力不讨好""事倍功半"。因此，外语教学的组织应建立在对学生学习外语的特点和规律的基础上，而不能凭教师自己的主观感觉。

（2）语言仅仅是一个知识的系统

PPP 模式对外语教学本质的另一种误解就是把语言仅仅看作一种语言系统，这一系统主要由语法和词汇构成。其实，几十年来语言学的研究成果告诉我们，语言绝不仅仅是一个由语法规则和词汇组合起来的知识系统。"语言能力"是一个涵盖面极广的概念，不但包括语法能力（即组词成句的能力），而且还包括社会能力、话语能力、策略能力等。语言交际能力实际上是一个人整体素质的体现。因此，仅仅通过学习语法和词汇就期望能够成为某一语言的准确使用者是一种十分错误的想法。

（3）语言知识会自动转化为语言技能

与前面一个误解有关的是语言知识与能力之间的关系问题。PPP模式认为，只要有了语言知识，这些知识就能在实际的交际过程中得到使用。我们知道，知识可分"陈述知识"和"程序知识"两种。陈述知识是关于事实的知识，而程序知识是有关"如何做的知识"。课堂上教师讲授的语法和词汇知识仅仅是陈述性知识。这些知识即使通过练习成为学生长期记忆的一部分，也不能自动转化为语言技能。语言使用还需要一定的程序知识，这种程序知识一方面可以通过观察实际的交际而获得；另一方面可以通过具体而真实的交际活动而获得某种意识和"感觉"。纯粹知识的讲解、记忆对获得实际的语言交际能力基本上起不到关键的作用。

（4）仅靠课堂实践就能培养语言交际能力

PPP模式对语言学习的本质还有一种误解，就是认为仅靠课堂教学就能培养学生的外语交际能力，同时也使学生把学好外语的希望完全寄托在课堂教学上。我们知道，语言学习，尤其是外语学习，需要大量的输入和语言实践。课堂教学时间有限，而且大部分时间被教师的讲解所占用，因此，仅靠课堂上的输入是远远不能满足学生学习外语的输入要求的。现在所谓的精读课实际上已没有多少读的成分，泛读课也不是学生真正在读，而是教师在讲解。所以，课堂教学根本无法保证学生摄入足够的语言输入，保证他们有足够的时间进行阅读的实践。学生的外语阅读能力只有依靠大量的课外阅读才能逐渐培养起来。听和说也是一样，仅靠课堂上的一点输入和练习根本无法保证学生获得真正的交际能力。

2. 外语课堂教学新模式的设想

从以上我们对传统的PPP课堂教学模式的分析和批评中可以看出，传统的外语课堂教学有诸多弊端，根本无法适应培养学生自主学习能力的需要，无法满足学生获得足够输入、参与实际的外语交际活动的要求。因此，外语教学改革的关键一环就是彻底改变PPP的课堂教学模式。要改变原来的教学模式，首

先我们要对课堂教学的基本功能进行彻底的反思,让外语教师真正了解外语课堂教学在整个外语教学过程中的作用,了解自己在课堂教学中到底应该扮演一个什么样的角色,真正把课堂变成了解学生需求、满足学生学习需求、帮助学生学会学习外语的场所。

如果说,外语课堂教学的最终目的就是帮助学生学会使用外语的话,那么课堂教学的基本功能毫无疑问就是创造有利于学生习得外语的条件。

那么,什么是有利于学生学习外语的重要条件呢?

根据二语习得理论,尤其是外语教学理论的研究成果,外语学习成功的重要因素包括以下几个方面:(1)学习和使用目标语的强烈愿望和需求;(2)足够的、真实的目标语输入;(3)正确的学习方法;(4)足够的目标语交际实践机会。

我们认为,外语课堂教学的最基本的目标应该是与此相应的:(1)培养和保持学生强烈的学习兴趣和动机;(2)创造和提供学习和交际资源(课堂和课外);(3)帮助学生获得学习策略;(4)帮助学生解决学习中的困难。下面笔者对此分别予以简述。

(1)培养学生的兴趣

学生进入外语课堂时,本来可能就带有一定的兴趣和动机。一方面可能是对外语和外国文化的自然兴趣,另一方面可能是源自对外语作为一门重要的学习课程或以后作为一门升学、择业、晋升等重要评价标准的课程的重视。前者被学者们称为"综合性动机";后者为"工具性动机"。研究表明,两种动机都能促进外语学习,但前者更为持久、有效。因此,外语课堂教学的一个重要目标是不断激发和保持学生学习外语的兴趣,同时,尽可能帮助学生将学习外语的工具性动机转化为综合性动机,即对目标语及其文化本身的兴趣,一方面是因为这样的兴趣容易持续,容易激发学生自主学习和探索的热情;另一方面是因为后者在一段时间后很有可能会转化为"为考试而学"的心理,导致应试学习的倾向,形成不良的学习习惯,最终影响外语学习的效果。[1]

那么,课堂教学中,如何通过对某些相关因素的调控达到激发和保持学生学习兴趣的目的呢?

---

[1] 罗毅,蔡慧萍. 外语课堂教学策略与研究方法 [M]. 武汉:华中科技大学出版社,2011.

培养学生学习兴趣最重要的因素是教师本人。教师的个人魅力是激发学生学习动力的重要因素。教师的言谈举止、渊博知识、语言艺术、教学能力、学术成就等，都会在很大程度上影响学生的学习兴趣和动机。作为教师来说，最成功的教学莫过于通过激发学生的学习兴趣，教给学生相关的学习策略，从而达到培养学生自主学习能力的目的。"最伟大的教师是那些善于激发学生的教师。"调动学生强烈的学习兴趣的教学方法是最成功的教学方法。因为这是为兴趣而学，在学习中学会自我学习将使学生终身受益。

可以调动和保持学生学习兴趣的另一个因素是课堂活动的安排。课堂活动一方面要遵循有利于语言学习的原则，即主要以语言活动为主；另一方面，这些活动本身要符合学习者不同阶段的心理、生理、认知等方面的特点，使他们在愉快、放松、自然、有效的语言环境和交往中学习语言。这就应了我们常说的一句有关教学方法的话：方法（活动）本身没有什么优劣之分，看为什么目的而用它。适合儿童的活动不能用于成年人，适合某一语言学习任务的不能用于所有其他语言学习活动，反之亦然。活动要具有竞争性、挑战性、互动性等特点，在安排时还要注意时间、地点、对象等。这就要求教师在备课过程中不但备内容，而且要对课堂活动的选择、安排、所要达到的目的进行筹划，并及时评估其效果，为以后的教学活动提供反馈。

培养和保持学生学习兴趣的第三大重要因素是学习资源。学习资源不但指学习材料，还包括学习的手段和条件，如多媒体和互联网、广播、电视、录像等。关于教材的功能定位、教材的编写和评估，教师都要参考相关的理论深入思考。同样重要的是，对外语学习其他资源的配置、整合和利用也应该充分考虑到是否有利于学生学习兴趣的保持和提高。近年来在欧洲一些学校以及在我国香港地区的一些学校，人们正在探索"外语自主学习中心"的功能和作用，我们应该给予足够的关注。

使学生持续保持学习兴趣的第四大重要因素是学生外语学习的"成就感"。顺利完成某一学习任务、在某一次评估中（包括考试）中获得高分或较高的评价、在公开场合展示自己的学习成果、获得教师和同学的肯定与表扬，尤其是自己所学的知识可以在实际的语言实践中得到充分的运用并取得成功等都能使学生体验到一种"成就感",这种成就感不但能激发学生进一步学习的信心和决心,而且可以形成外语学习的良性循环。外语学习中的成就感对学习上有困难,特别是已经处于学习成绩落后状态的学生尤为重要。如果教师放弃了这些学生,这些学生中的大多数就将完全失去进一步学习的信心。外语学习受个体差异的影响很大,因此,学生在不同阶段针对不同学习任务学习成绩呈现出差异是很正常的事情。外语教师应该本着对每一个学生负责的精神,帮助学生分析产生学习困难的原因,与学生一起制订个性化的学习方案,确定有别于他人的阶段目标和长期目标,并确定学习的策略和步骤以及实施的方案。尤为重要的是,教师要善于发现学生的长处,善于捕捉学生的每一点进步并让学生也看到自己的进步,坚定学习的信心和决心。教师要善于鼓励,及时反馈,要创造机会,如竞赛、表演、演示等,让学生展示自己学习的成果。

(2)提供真实的语言输入

语言输入包括语言材料和教师在课堂上的语言使用,这里我们着重分析教师语言作为学生学习外语的语言输入的重要作用。如果我们现在在教师中间做一个调查,问他们在课堂中大部分情况下使用何种语言进行教学,大部分教师会说"用目的语"。但是如果我们去听一下这些教师的实际课堂教学,就会发现,他们实际上只是使用目的语组织课堂教学,真正用外语与学生进行有意义的交流的情况很少。由于对许多学生来说,只有在课堂中才能真正接触活生生的外语,因此,在课堂上用外语与教师和同学进行交流就是其重要的外语实践活动。这样,教师在课堂上使用的语言就是学生模仿和学习的重要样本。教师与学生的交流应该不仅仅限于教学活动的组织,更应该注重用外语与学生进行思想的交流和信息的沟通。这种真实交流就成为学生学习外语的一个重要语言输入。因此,这就对教师使用外语的能力提出了较高的要求,所以关于教师课堂语言的交际功能与样本功能应得到应有的重视和研究。

(3)帮助学生使用有利于外语学习的学习策略

外语学习策略的研究一直是一个热门话题。研究表明,成功的外语学习者往往是成功的学习策略的使用者。学习策略包括认知策略和元认知策略。后者主要指学生计划、安排、调节和评估自己使用认知策略的能力,对外语学习的成功更为重要。一些实验也证明，通过对学生元认知策略的培训，尤其是原来外语基础不太好的学生能有效地改善学习方法，提高学习的质量。因此，帮助学生了解并使用相关的外语学习策略应该是课堂教学的一个重要组成部分。

策略培训可以通过直接和间接两种方式进行。所谓直接的方式，就是明确向学生讲解相关的学习策略，可以由教师讲，也可以由成功的外语学习者介绍和示范，也可以请相关的专家讲，总之，让学生有一种使用学习策略，尤其是元认知策略的意识和习惯。所谓间接的方式，就是把策略的培训结合在教学过程中，在提出学习要求和任务、布置作业时包含方法的要求，使学生在不知不觉中，潜移默化地获得学习策略。

（4）帮助学生克服学习中的困难

根据经验，学生学习外语的困难主要集中在习惯用法、语用知识和相关的社会文化背景知识方面。因此，在课堂教学中，教师应该在这些方面尽量给学生提供相应的帮助。除了对学生的学习困难进行预测之外，更重要的是经常对学生进行需求调查和分析，针对不同学生不同的学习困难，提供及时的帮助。

根据以上讨论，教师在课堂教学中不应该花费太多的时间让学生操练某一（些）语言项目；没有必要什么都向学生解释；不要仅仅使用教材，而应该通过不同的真实交际活动和交际任务来呈现语言，让学生观察语言；不要完全操纵课堂，要让学生有更多自由发挥的空间。

以上，笔者简要介绍了我们设想的新的外语课堂教学模式的内容。显而易见，与传统的 PPP 模式相比，新模式最大的特点是它不是由一套机械的教学步骤所组成。相反，它体现了一种全新的课堂教学理念。新的模式由外语课堂教学的四大基本目标组成，一切外语课堂教学活动对教学目标负责，只要课堂活动能够达到其中的一个目标，就是合理的。在这样的框架下，教师可以有巨大的发挥自己的想象力和创造力的余地。课堂教学应不拘泥于一定的程式或公式。课堂教学内容的安排应该与阶段性的和长期的培养语言能力和交际能力的目标相结合。但是，新模式的要点在于，重要的不是讲授多少具体的语言项目，关键在于如何激励学生，如何培养学生自主学习的能力，提供自主学习的机会。在帮助学生明确了学习的目标以后，教师要做的就是帮助学生获得自主达到这

些目标的能力。学习的主体是学生。教师在课堂上应该最大限度地调动学生的积极性和主动性，教会他们创造性地组织和安排自己的学习。只有这样，我们才能培养出成功的学习者，外语教学才能真正获得成功。

3. 课堂教学新模式的理论和实践基础

通过讨论笔者提出这样一种全新的外语课堂教学模式的理论和实践基础。

首先，从现代教育的根本目标看，现代教育就是培养学生终身学习的能力。学校教育的目的是培养学生自主学习的意识和能力。外语学习是一种极为特殊的心理过程，特别需要学习者发挥自身的主观能动性和创造性。外语课堂教学的重要目标之一毫无疑问应该是培养学生自主学习能力。

其次，从学习者学习外语的特点来看，要学好一门外语，一是要有使用这一语言的需求和强烈的愿望以及学习的动机，然后需要大量的学习机会，而且学习的过程应该是一个不断给学习者带来成就感的过程。

再次，从人们对外语教师的角色期待的变化来看，课堂教学已不能再局限在"提供知识"的层次。

最后，从近年来外语教学领域的一些新的发展趋势来看，特别是"任务型教学法""自主学习""协商式教学"等所包含的教学理念，我们也需要对外语课堂的作用进行重新定位。

"任务型教学法"强调"学习的过程"，强调"真实的交际"，强调在活动过程中培养学生的"语法意识"。

近年来外语教学理论中另一个重要的发展是"自主学习"。自主学习不是简单地等同于学生的自学。自主学习强调"学习的态度""学习的能力"和"学习的环境"。自主学习很重要的一部分是提供相应的"自主学习中心"。自主学习要在教师的指导下进行。教师应该在课堂上担负起指导学生自主学习的责任。

另一个重要的做法是"协商式大纲"，这与"个性化的学习"有关。协商的内容包括学习目标、学习策略等。教师可以和学习者签订"学习合约"，对学习的目标、地点、时间、速度和学习方法等做出说明，明确教师和学生双方的责任。

以上几个外语教学新的发展趋势都特别强调了外语学习过程和学习者的个体差异，与我们提出的新的外语课堂教学模式的主张不谋而合。

4. 课堂学习与课外学习

学习外语需要课堂内外的努力，仅依靠课堂教学是无法保证学生学习外语所需要的输入的质和量。学语言也不仅仅是学语法和词汇，课堂教学帮助学生学习外语最好的方法是为学生提供参与真实的交际活动的机会。

在新的课堂教学模式中，我们可以用以下几个"公式"来描述学生课堂学习和课外学习之间的关系。

（1）语言学习 = 课堂学习 + 课外学习

根据语言学习的特点，在课堂学习和课外学习之间不应该有什么明确的界限。课堂学习不是外语学习的全部，课外学习是学生外语学习的重要组成部分。

（2）课堂教学 = 为课外学习做准备

为了提高学生课外外语学习的能力和效率，课堂教学要为作为学生自主学习的重要组成部分之一的课外学习做适当的准备。尤其是关于学习的目标、内容和方法等，教师要对学生做出相应的明确的要求和指导，要把学生的课外学习看作课堂教学的一个自然延伸和补充。

（3）课外学习 = 促进课堂学习

课外学习作为课堂教学的一个自然延伸和补充，应该起到促进课堂学习的作用。一方面，课堂上学到的内容和方法应该在课外得到进一步的练习和巩固；另一方面，通过大量的语言实践，包括听、说、读、写、译，达到全面提高语言实践能力的目的。

（4）课外学习的方法和内容 = 学习 + 交际

课外学习与课堂学习既有关联，也有不同的地方。学生可以直接使用语言学习材料进行学习，也可以充分利用条件，与同学、朋友、网友、外国游客等用外语进行交流。这也是一种很好的学习资源和手段。其实，即使是直接使用语言学习材料，也应该把它作为一个交际过程来学（学习 = 交际），同时，在与他人使用外语进行交际的过程中，也应做个有心人，注意观察和学习新的、

有用的交际方法（交际＝学习）。

最重要的是，教师要对学生的课外学习负责，要检查督促，要提供建议，还要在课堂上提供机会，让学生展示课外学习的成果，进一步激励学生。

以上，我们提出了一个新的外语课堂教学模式。这一模式与传统的PPP模式相比，最大的不同是它不要求教师按照某一固定的程式来组织课堂教学，它由外语课堂教学的四大基本功能组成。在这一模式中，教师自由选择不同的教学活动来完成教学任务。这一新的模式是建立在对语言的本质、外语学习的特点以及外语课堂教学的根本作用的反思的基础上的。根据这一模式的要求，外语教师应该把课堂变成激励和提高学生学习外语兴趣的场所，一个给学生提供最大、最有效语言输入的场所，一个学生的学习成果能得到展示的地方，一个学习困难可以得到解决、学习策略得到充分培训的地方。据此，我们评估一个外语教师的课堂教学，不应该看他一节课中讲了多少内容，他解释某一语言现象是否成功，他完成了多少教学进度，组织了多少教学活动，而是看他在多大程度上调动了学生的学习兴趣，教给了学生多少自主学习的策略，整个课堂教学对短期和长期的教学目标起到了什么样的作用等。只有真正关注外语课堂教学的基本功能，才能有效地组织课堂教学。同时，也只有在对作为外语教学各大过程中最核心部分的课堂教学的基本功能重新定位的基础上，才能对其他过程，如课程设计、材料准备和教学评估等的基本原理和原则做出新的思考和调整，以配合和适应外语课堂教学新要求。

第五节　教学成果的测试和评估

外语测试是外语教学过程中的一个重要环节。外语测试的一个重要目的就是评估外语教学的质量，了解学生外语学习的情况，以便对下一阶段的外语教学做出改进；外语测试的另一个重要目的是对参加测试的考生的外语能力做出判定，以便做出有关他的未来前途的某种决定。因此，外语测试无论对教学组织者还是对个人学习者来说都是十分重要的。

一、外语测试的类型

测试的目的多种多样。有的测试是为了了解学生学习外语的一般能力，有的是为了评估某一阶段外语教学的效果，有的则是为了检测考生一般的外语能力。根据不同的测试目的，可以分出不同的测试类型。常见的类型有：（1）潜能测试；（2）成绩测试；（3）诊断性测试；（4）水平测试；（5）结业性测试。

（1）潜能测试

潜能测试主要是为了了解考生学习某一专业（这里就是指学习外语）的一般能力。我们前面已经讨论过语言潜能的概念，这里不再重复。

（2）成绩测试

成绩测试用来考查个别或全体学生在学习外语的某一阶段或最终阶段的成功程度。成绩考试一般与某一外语课程有直接关系。有人提出，成绩考试应该以该课程的大纲和教材为依据，但缺点是，如果大纲和教材有缺陷，考试就不一定能反映出课程的目标。另外有些人认为，成绩考试应以课程的总目标为依据，其好处有二：①促使大纲的设计能够更加切合实际；②考试能比较准确地反映学习者的实际水平。但这种做法也存在着一定的问题，因为如果不是以所采用的某一大纲和教材作为考试的依据，教师和学生在平时的教学过程中往往会感到无所适从。

（3）诊断性测试

用于发现学习者的强项或弱项的测试叫诊断性考试。考试的主要目的是决定是否需要加强某一方面语言技能的训练。

（4）水平测试

一种不以某一课程为依据，也不管考生受过何种训练而对考生的一般语言能力进行考查的考试叫水平测试。许多公共考试都属于这种类型，如美国 ETS 举行的 TOEFL、英国的 IELTS、我国的 EPT、CET 等。

（5）结业性测试

结业性考试是一种仪式性的考试。也可以有明确的目的，如其成绩可作为升入高一级语言课程的参考，确定是否授予某一证书等。但大多数结业考试更

注重其形式，因而考试的内容可以是所学课程的成绩考试，也可以是测定一般语言水平的水平考试。

从测试的方法和方式角度，我们又可以将各种各样的测试分为直接测试与间接测试两大类。

（1）直接测试

直接考查考生某一方面的语言能力的测试称为直接测试。例如，假如我们要了解学生的作文能力，就应该要求学生写出一两篇作文；假如我们要测试学生的语音语调，那就要求学生开口讲话。

直接测试要求考查的内容尽可能真实，符合实际生活中的真正要求。

直接测试的好处是：①测试的目的明确；②对测试结果的评估也比较直接；③因为所测试的内容正是我们所要培养的技能，其正面反拨作用十分显著。

（2）间接测试

间接测试即通过测试某一技能所必需的某种能力来发现学生这方面的语言能力。例如，托福考试中有一部分是考查考生的写作能力的，但其题型是语言错误判断这一间接的方式。要求考生在A、B、C、D、E中选出错误的一项。再例如，通过要求学生判断某对单词是否同韵来测试学生的发音能力也属间接测试。

间接测试的优点是提供了一种通过测试部分有限的能力而了解到学生各种不同的语言能力的可能性。例如，如果我们通过测试某一具有代表性的语法结构，我们就获得了所有需要这一语法知识的情境的一个样本。

间接测试的缺点是学生测试的结果与实际能力之间的关系并不十分明确和可靠。

根据我们目前对测试的认识，就水平测试和成绩测试来说，直接测试要比间接测试好。只要我们取样广泛（如要求学生写两篇不同风格、不同题材的作文）我们所获取的有关某种能力的信息要比间接测试精确和可靠。另外，直接测试题目一般也比间接测试题目更容易设计，其正面反拨作用也十分有利于外语教学。当然，目前许多测试中间接测试仍占一定的比重。间接测试，尤其在诊断性的测试中，如了解学生对某一语法结构的掌握情况时十分有用。

二、信度

测试的信度可以分为两个方面，一是测试本身的可信度，二是评卷的可信度。测试本身的信度主要与它的内部一致性有关。如果考生在不同的时间参加同一测试而得分截然不同，其可靠性就值得怀疑。

检阅测试本身的信度有两种主要方法，一是连续测试法，即让学生在不同时间做同一试题，然后比较其结果。这种方法十分简单，其缺点是时间不易掌握，因为如果两次测试间隔太短，第一次的考试就会影响第二次；如果间隔太长，学生在这期间又可能会遗忘（或学到了新的东西）。另一种检测某一测试内部一致性的方法是"一分为二"测试法，即将一份测试的内容分为两半，对比考生这两部分的结果。这种方法要求两部分的内容（在数量和类型上）几乎完全相当，这一方法的优点是省时省力，缺点是两部分的比重难以掌握。

如果测试是主观性的，那么评卷的信度就是一个十分重要的问题。评卷的信度可分为两个方面，一是同一个评卷人前后评卷标准的一致性；二是不同评卷人所用标准的一致性。如果同一评卷人评卷时前后所持的标准不一致，或不同的评卷人之间使用了不同的评分标准，那么就会在很大程度上削弱测试的可信性。

休斯（Hughes）提出了一系列提高测试的信度的办法，其中包括：

（1）有足够的考试内容。同一项目的测试最好有几道互相独立的试题，如果测试结果非常重要，测试内容和时间就应相应加长；

（2）限制考生答题的范围。题目如果给予考生过多的自由，就会影响测试的信度。例如，在测试考生写作能力时，如果只是给出几个题目供学生选择，对内容不加规定或限制，其可信度就值得怀疑；

（3）考题要求应十分明确，避免模糊；

（4）保证考卷的印刷质量，考题布局合理；

（5）应使用考生熟悉的试题样式与测试要求；

（6）应提供统一的、无外部干扰的考试环境；

（7）考试项目应尽量采用易客观阅卷的类型；

（8）考生之间的比较应尽量采用直接的方式；

（9）阅卷答案应十分详细；

（10）对阅卷者进行统一培训；

（11）阅卷前统一评分标准；

（12）考卷应按数字编号，不让阅卷人了解考生的名字；

（13）阅卷应尽量采用相互独立、交叉的方法。

参考文献

[1] 马爱军. 外语教学中差异性教学策略研究 [M]. 合肥：合肥工业大学出版社，2018.

[2] 刘然. 外语词汇教学方法与策略 [M]. 北京：九州出版社，2018.

[3] 黄文源. 外语新课程教学模式与教学策略 [M]. 上海：上海教育出版社，2004.

[4] 何少庆. 外语教学策略理论与实践运用 [M]. 杭州：浙江大学出版社，2010.

[5] 程晓堂，武和平. 外语教学方法与流派 [M]. 北京：外语教学与研究出版社，2014.

[6] 骆北刚，黄军利. 中学外语课堂教学策略研究 [M]. 苏州：苏州大学出版社，2014.

[7] 林克难. 大学外语教学策略研究 [M]. 天津：天津科学技术出版社，2006.

[8] 王维刚，沈雁. 民族山区基础外语教学策略研究 [M]. 贵阳：贵州人民出版社，2002.

[9] 田仙枝，吴亚萍，刘忠喜. 外语教学策略与设计探究 [M]. 长春：吉林大学出版社，2012.

[10] 王丽捷，刘冰. 外语教学方法与策略研究 [M]. 北京：现代出版社，2014.

[11] 包博，李剑眉，张丽丹. 多元视角下的外语教学方法和策略研究 [M]. 长春：吉林大学出版社，2018.

[12] 包阿拉坦图娅，阿尔泰，娜和芽. 外语教学方法策略与研究 [M]. 长春：吉林大学出版社，2016.

[13] 张厚粲. 行为主义心理学 [M]. 杭州：浙江教育出版社，2003.

[14] 高峰. 初中外语教学策略 [M]. 北京: 中国书籍出版社, 2016.

[15] 章兼中. 国外外语教学法主要流派 [M]. 上海: 华东师范大学出版社, 1983.

[16] 张云. 经验·民主·教育——杜威教育哲学 [M]. 上海: 上海社会科学院出版社, 2007.

[17] 周晓娴. 多元化文化理念与当代外语教学策略研究 [M]. 天津市: 天津科学技术出版社, 2017.

[18] 施良方. 学习论: 学习心理学的理论与原理 [M]. 北京: 人民教育出版社, 1994.

[19] 张俊英. 外语语言教学策略 [M]. 长春: 吉林人民出版社, 2006.

[20] 陈永芳, 龚晓灵, 陈小燕. 外语阅读教学中策略培养体验与提升 [M]. 杭州: 浙江大学出版社, 2013.

[21] 陈修斋. 欧洲哲学史上的经验主义和理性主义 [M]. 北京: 人民出版社, 1986.

[22] 付克. 中国外语教育史 [M]. 上海: 上海外语教育出版社, 1986.

[23] 包育彬, 陈素燕. 中学外语任务教学的策略与艺术 [M]. 杭州: 浙江大学出版社, 2004.

[24] 罗毅, 蔡慧萍. 外语课堂教学策略与研究方法 [M]. 武汉: 华中科技大学出版社, 2011.

[25] 牛强. 认知二语习得理论本土化研究中国外语教学认知策略 [M]. 长春: 吉林大学出版社, 2010.

[26] 车文博. 人本主义心理学 [M]. 杭州: 浙江教育出版社, 2003

[27] 束定芳, 庄智象. 现代外语教学: 理论、实践与方法 [M]. 上海: 上海外语教学出版社, 2008.

[28] 王世英. 警务外语自主学习教学策略与实战训练 [M]. 南宁: 广西人民出版社, 2011.

[29] 顾日国. 外语教学法 (上) [M]. 北京: 外语教学与研究出版社, 1998.

[30] 肖福寿. 外语写作教学的原则与策略 [M]. 上海：上海大学出版社，2007.

[31] 徐智鑫. 大学外语阅读课堂动机教学策略实证研究 [M]. 北京：国防工业出版社，2012.

[32] 李敏，程红霞，王蓉. 高校外语教育与研究文库新课程理念下中学外语有效教学的原则、策略与案例分析 [M]. 武汉：华中科技大学出版社，2015.

[33] 肖礼全. 外语教学方法论 [M]. 北京：外语教学与研究出版社，2006.3

[34] 王秀珍，郑征. 大学外语教学改革现状与策略研究 [M]. 上海：上海外语教育出版社，2008.

[35] 杜秀莲. 大学外语教学改革新问题新策略 [M]. 济南：山东大学出版社，2011.

[36] 朱晓燕. 外语课堂教学策略如何有效选择和运用 [M]. 上海：上海外语教育出版社，2011.

[37] 赵科. 课堂教学小策略实用精品库初中外语 [M]. 北京：光明日报出版社，2009.

[38] 胡海建. 课堂教学小策略实用精品库小学外语 [M]. 北京：光明日报出版社，2009.

[39] 潘亚玲. 外语学习策略与方法 [M]. 北京：外语教学与研究出版社，2004.

[40] 高铃，肖越. 大学外语教学策略研究 [M]. 长春：东北师范大学出版社，2018.

[41] 郭小宁著. 航空外语教学策略及应用 [M]. 长春：东北师范大学出版社，2019.

[42] 李祥. 基于核心素养的外语教学策略 [M]. 长春：吉林人民出版社，2018.

[43] 刘洪健. 大学外语教学策略研究 [M]. 长春：东北师范大学出版社，2016.

[44] 周伟. 外语教学的策略与方法研究 [M]. 武汉：武汉大学出版社，2016.

[45] 丁瑞萍. 初中外语教学策略分析 [M]. 北京：现代出版社，2016.04.

[46] 陈辉. 大学外语教学策略与学习方法探究 [M]. 吉林出版集团股份有限公司，2019.

[47] 程晓堂，郑敏. 外语学习策略：从理论到实践 [M]. 北京：外语教学与研究出版社，2002.

[48] 唐俊红. 互联网＋时代的大学外语教学策略 [M]. 青岛：中国海洋大学出版社，2017.

[49] 马晓峰. 信息技术与中西部高校外语教学策略研究 [M]. 哈尔滨：黑龙江人民出版社，2019.

[50] 唐力行. 外语教学方法与技巧 [M]. 上海：上海外语教育出版社，1983.

[51] 陈立青. 外语阅读的后方法教学模式研究 [M]. 上海：复旦大学出版社，2012.

[52] 郑道俊. 外语教学新方法探究 [M]. 西安：陕西师范大学出版社，2006.

[53] 章兼中. 中学外语教学技巧与方法 [M]. 济南：山东教育出版社，1986.

[54] 余正. 学前外语教学活动方法 [M]. 上海：上海教育出版社，2003.02.

[55] 胡德映，宋剑祥. 当代外语教学理论与方法探索 [M]. 昆明：云南民族出版社，2006.

[56] 陈许，李华东. 高校外语教学研究与思考 [M]. 杭州：浙江大学出版社，2013.

[57] 王钢. 大学外语教学探索 [M]. 哈尔滨：黑龙江大学出版社，2013.

[58] 罗毅，蔡慧萍. 外语课堂教学策略与研究方法 [M]. 武汉：华中科技大学出版社，2011.

[59] 常宏. 大学外语教学策略研究与实践 [M]. 北京：知识产权出版社，

2017.

[60] 宋淑敏. 外语教学策略与技巧[M]. 长春：吉林人民出版社，2018.

[61] 许立红，高源. 农村小学外语有效教学策略[M]. 成都：西南交通大学出版社，2015.

[62] 乐伟国. 小学外语语音入门教学策略[M]. 宁波：宁波出版社，2010.

[63] 彭金定. 大学外语教学与学习策略的科学研究[M]. 北京：气象出版社，1998.

[64] 张艳玲. 外语教学的理论、模式和方法[M]. 青岛：中国海洋大学出版社，2018.

[65] 王大明. "举一反千"说外语自学·教学·培训 EPS 外语学习新方法·新系统[M]. 太原：山西教育出版社，2002.

[66] 吴美兰. 大学外语教育的教学方法和探索[M]. 天津：天津科学技术出版社，2018.

[67] 黄建滨. 外语教学理论系列中小学外语教学研究方法[M]. 杭州：浙江大学出版社，2016.

[68] 冯克明. 外语语言能力教学与测试方法[M]. 北京：光明日报出版社，2016.

[69] 郑玉琪，侯旭，高健. 后方法时代外语教学原理与实践[M]. 南京：东南大学出版社，2015.

[70] 张干周. 科技外语应用文本翻译理论探讨、问题分析、翻译方法及教学[M]. 北京：北京交通大学出版社，2018.

[71] 何广铿，黄冰，勒妍. 外语教学研究方法[M]. 广州：广东高等教育出版社，2009.

[72] 罗毅，蔡慧萍. 外语课堂教学策略与研究方法[M]. 武汉：华中科技大学出版社，2011.

[73] 张春媛，赵晟琦，李舒. 外语教学方法与策略[M]. 哈尔滨：黑龙江科学技术出版社，2013.

[74] 鲁子问，康淑敏. 外语教学方法与策略[M]. 上海：华东师范大学出版社，

2010.

[75] 刘一丹，孙莹莹，张文娟主编. 外语教学方法与策略研究 [M]. 吉林出版集团股份有限公司，2017.

[76] 刘永娟. 现代外语教学的方法与策略 [M]. 长春：吉林大学出版社，2017.

[77] 张伟，赵耀，孙慧敏. 外语教学方法与策略研究 [M]. 长春：吉林大学出版社，2016.

[78] 肖少北. 布鲁纳的认知——发现学习理论与教学改革 [J]. 外国中小学教育，2001：12-17.

[79] 武和平，张维民. 2011. 后方法时代外语教学方法的重建 [J]. 课程·教材·教法，6：61-67.

[80] 武和平. 交际教学思想的全球化与本土化 [J]. 外语界，1999：5-9.